私たちのゲツセマネ

相賀 昇牧師説教集

――田園都筑教会での牧会20年――

YOBEL,Inc.

私たちのゲツセマネ

目次

エッセー〈ベルリン便り〉

罪と死からの解放

ローマの信徒への手紙8章1―11節

「今や、キリスト・イエスに結ばれている者は、罪に定められることはありません」。ローマの信徒への手紙8章でパウロはまるで勝利の宣言をするかのように、わたしたちキリスト者に与えられる救いを語ります。なぜひとは罪に定められないのか、その理由は「キリスト・イエスによって命をもたらす霊の法則が、罪と死との法則からあなたを解放したからです」。わたしたちはキリスト・イエスによって、霊の法則によって、それまでの罪と死の法則、つまり肉の法則から解放されたというのです。パウロによれば、肉の思いとは、罪であり、死であり、無力であり、つまるところは神様に敵対する状態です。それに対して、霊の思いとは、義であり、解放であり、命であり、平和であり、これが神様に喜ばれる状態です。しかしそれらすべてを可能にしてくださったのは、イエス・キリストであり、わたしたちがイエス・キリストに結ばれているならば、わたしたちは罪から解放されて生きる、生かされるというのです。

そして今日のところの結論は、11節にあります。「もし、イエスを死者の中から復活させた方の霊が、あなたがたの内に宿っているなら、キリストを死者の中から復活させた方は、あなたがたの内に宿っているその霊によって、あなたがたの死ぬはずの体をも生かしてくださるでしょう」。わたしたちが本当に生きるのは、イエス様を復活させた方の霊である、その霊によってはじめて本当に生きることが出来るというのです。

ギリシア神話の登場人物のひとりに「シジフォス」という人がいます。このシジフォスは、神々の怒りにふれて地獄に追いやられるのですが、そこで一つの刑罰を受けます。その刑罰というのは、ひとつの大きな石を、山のてっぺんまで押し挙げていくことです。ところが、その石がやっと山の頂きまで着いたと思って、手を放すと、それはまた山の麓へ転がり落ちてしまいます。シジフォスは、また麓へ降りて、石を押し上げてゆきますが、それが山の頂きに達すると、また落ちてしまう。そういうことを、シジフォスは終わること無くいつまでもいつまでも続けなければなりません。

フランスの作家でアルベール・カミュという人がいます。「生まれながらにキリスト教徒の魂を持ったひと」とも「神なき神聖を求めた人」とも評された作家です。このカミュが『シジフォスの神話』という短編を書いています。その文章のなかでカミュは、人間に課せられた刑罰のなかでこれほど恐ろしい刑罰はないのではないか、と言っているわけですが、もし、そういう労働があったとして、これに人間が従事しなければならないとしたら、それは本当に恐ろしいことに違いありません。しかし、カミュがこういう文章を書いたのは、現代に生きる私たち一人ひとりが、あるいはシジフォスにほかならないのではないか、ということを言いたかったのだと思うのです。

もちろんこれに対して、ひとはこうもいえるかもしれません。生活の無意味さや空しさは感じている。それでも、おかしくもならずに、けっこう楽しくやっているじゃないか、と。しかし、それは決してこの問題が解決したからではなく、何らかの方法でこの問題を回避し、忘れ、それから目を逸らすからではないでしょうか。

しかし、忘れるという方法がこの問題の真の解決ではないはずです。わたしたちが目を閉じれば、確かに目の前にあるものは見えなくはなります。しかしそれは、生活の無意味さや空しさということをなんらかの方法で忘れても、それは依然としてわたしたちの前に存在して、わたしたちを脅かします。そして、本当には生きていない、時にそれはわたしたちの前にその暗い姿、パウロのことばによれば、肉の思い、死の影を現すのです。

しかし、一方で、わたしたちはこういうことばも耳にいたします。「たとえ明日この世界が滅びると聞かされても、私はリンゴの苗木を庭に植えるだろう」。こう語ったと言われるのは、宗教改革者のマルティン・ルターです。明日滅びると聞かされたこの世界の中で、庭にりんごの苗木を植える――これは、生活の無意味さや空しさということをなんらかの方法で忘れる、というところからは出てこないことばではないでしょうか。

わたしたちは、今日パウロのことばを聞きました。11節「もし、イエスを死者の中から復活させた方の霊が、あなたがたの内に宿っているなら、キリストを死者の中から復活させた方は、あなたがたの内に宿っているその霊によって、あなたがたの死ぬはずの体をも生かしてくださるでしょう」。

パウロはいわば「キリストの霊」という光をもって、わたしたちの生活の現実という暗い谷間を照らします。この谷間は、空しさと無意味さの満ちている谷間、ちょうどシジフォスの地獄に似たような谷間かもしれません。しかしそのような谷間を、パウロは死者の復活という光によって照らします。その時パウロは、そのような暗い谷間に立ちつつも、そこでわたしたちの「死ぬはずの体をも生かしてくださる」と語ることができるのです。

もう8年程前だったと思いますが、ヴィクトール・エミール・フランクルというオーストリアの精神医学者が亡くなりました（Viktor Emil Frankl, 1905 - 1997）。心理学者として「強制収容所」の体験を綴った『夜と霧』（みすず書房）が有名ですが、アメリカ図書館協議会の発表によれば、この本は歴史上これまで最も多く読まれた10冊の中にはいる、とされています。

この書がそれほど多く読まれた理由は、人類史上空前絶後であった大量虐殺の生きた証言の書であったということがあります。しかし、同時にこの書は単なる告発の書に止まらず、人間の限界状況と言うべき強制収容所にあって、まさにシジフォスの地獄の石運びのような生活にもかかわらず、なおも人間の尊厳を失わず、生きる希望を捨てなかった人々がいたことを報告しているドキュメントとして、人間の真実の証言であったわけです。

少し前にフランクルの講演集『それでも人生にイエスと言う』（春秋社）が出版されました。その中でフランクルは「人生の生きる意味と価値について」語っていますが、こんなことを言っています。「わたしたちが〈生きる意味があるか〉と問うのは、はじめから誤っているのです。人生こそが問いを出し、わたしたちに問いを提起しているのです。わたしたちは問われている存在なのです」。フランクルは「私は人生にまだなにを期待できるか」ではなく、「人生は私に何を期待しているか」と問わなければならない、と言うのです。生きること自体が問われていることにほかならず、わたしたちが生きていくことは答えることにほかならない、人生に責任を負う事だ、と言うのです。

生活の空しさや無意味さ、あるいは病気や肉体の衰えや苦境に直面して、わたしたちは超人になることはできません。わたしたちはどこまでも平凡な一人の人間としてとどまります。しかし、パウロとともに「命をもたらす霊の法則」が、わたしたちを「罪と死との法則から解放した」ことを知っています。
パウロがここで言おうとしていることは、わたしたちがほんとうに神の霊によって生かされる、「あなたがたの死ぬはずの体をも生かしてくださる」ということであります。
イエス・キリストに結ばれて生きるとき、わたしたちは神様によってかけがえのないものとして作られた本当の自分に立ち返れるのではないでしょうか。そしてキリストを死者の中から復活させた方の霊によって、わたしたちがこの人生の日々を歩む時、そのときまさに本当の命に生かされてゆくのだと思います。受難週をまえにしておりますが、この事実をしっかりと心に刻み付けてイースターへの備えをしたいと思います。

〈**お祈り**〉主なる神さま、すべてのものが過ぎ去って行くこの世にあって、永遠に変わることのない主のみ言葉を与えられていますことを感謝いたします。ただいま、み言葉を通して、わたしたちひとりひとりが洗礼によってキリストに結ばれ、ひとりも滅びないで永遠の命を受け継ぐことのできる救いの道を開いてくださったことを深く覚えることができました。どうかわたしたちの祈りと信仰とを強め、十字架の和解の真理をこの地において大胆に伝えて行くことができますよう、導いてください。

（2005年3月13日、受難節第5主日礼拝）

見よ、わたしは新しいことを行う

イザヤ書43章19節

大晦日から一夜明けまして2007年の新年を迎えました。いつのころからか、たぶん神学校に通いだした頃からと記憶していますが、新年を迎えるころになるとひとつの俳句が念頭に浮かんできます。それは高浜虚子《きよし》（1874 - 1959）の「去年今年《こぞことし》貫く棒の如きもの」という俳句です。昨日を去年といい今朝を今年という、そんな時の流れの中にあって、貫いているものは変わらない、と言っているわけです。

わたしたちの人生、とりわけ信仰者としての人生にとって、去年今年を貫いている棒の如きものとは神様がわたしたちとともにおられるという事、しかもクリスマスにおいてはっきりと言われているように、神様が幼子となって私たちと同じ肉の姿をまとい、高みより低きへと下ってこられたという事実ではないかと思います。

世間一般では人々の意識は正月気分のなかにありますが、教会の暦ではクリスマスの季節は終わっておりません。教会暦のクリスマスはアドベントに始まって、1月6日の公現日までだからです。その意味で救いの光が異邦人にまであらわれたクリスマスの出来事が、去年今年を貫いて棒の如きものとしてある、ともいえるわけです。

実はドイツのプロテスタント教会では毎年『ローズンゲン』という日々の聖句集を用いておりまして、今年は年間標語にイザヤ書43章19節の「見よ、新しいことをわたしは行う。今や、それは芽生えている。あなたたちはそれを悟らないのか。わたしは荒れ野に道を敷き／砂漠に大河を流れさせる。」を掲げています。元旦にはたいていのドイツの教会ではこの年間標語を用いて説教が行われますので、わたしもそれにならって、この御言葉《みことば》に聞き学びたいと思ったわけです。

イザヤの活動した時代は大変な困難な時代でした。ふつうイザヤ書は、その中に第一イザヤ、第二イザヤ、さらに第三イザヤと呼ばれる預言者を想定するのですが、その内容も二百年という年月の流れの中で著されてきたものです。始めにアッシリア帝国によって、イスラエルの国が蹂躙《じゅうりん》されるという出来事が起こりました。アッシリアは当時の世界帝国です。北イスラエルは紀元前7年に滅ぼされてしまいます。その時、南のユダで活躍した預言者が第一イザヤでした。

しかし、この43章に現れた預言者の時代はというと、それからまた百五十年ほど後の世界です。今度はバビロニアによって、南のユダが滅ぼされ、バビロンに捕囚となります。これがイスラエルの民が離散の民となったはじまりでしたが、王侯、貴族、高級官僚など主だった人たち、一説によれば五万四千人ほどがバビロンに強制移住させられます。未曾有の国難です。しかし70年間の捕囚の後に、バビロンは新興のペルシアに滅ぼされます。この時に、バビロンにいるイスラエルの民を励まし、慰めたのが、いわゆる第二イザヤと呼ばれる預言者でした。

第二イザヤの預言は、国が滅ぼされたユダヤの民がこれからどのようにして生きていけばよいのか、何を頼りに生きていくのか、国家とは何か、民族とは何か、歴史の意味は何か、そういう難題に取り組むものでした。預言者イザヤは神様のみ言葉をもってイスラエルの民に答えようとします。

本日は、この預言者の言葉から重要な三つの言葉をあげて、その中心メッセージをみたいと思います。一つ目は「あなたはわたしの僕／わたしはあなたを選び、決して見捨てない。」(41章9節)。次に「恐れるな、わたしはあなたと共にいる」(43章5節)。そして三つ目は今日のテキストである「見よ、新しいことをわたしは行う。今や、それは芽生えている。あなたたちはそれを悟らないのか。わたしは荒れ野に道を敷き／砂漠に大河を流れさせる。」(43章19節)です。

国がなくなり、民族として消滅しそうになった時に、ユダヤの民に希望を与えたのは、神様に選ばれているという信仰でした。国が占領され、バビロニア軍によって民が虐殺されても、なお神様はイスラエルを選び、見捨てず、使命を与えようとされているという召命感。これがイスラエルの生きる力となり、勇気となり、自信となったのです。国はなくても、自分たちには神がおられる。というわけです。

しかしそうはいってもイスラエルの民は、この神様からの言葉をそう簡単には、素直には聞くことは出来ませんでした。なぜなら、民族の罪の歴史・苦い経験・辱め・涙が心を支配していたからです。彼らの経験は、19節にあるように「荒れ野」のような状態でした。すなわち道が全く見えない状況でした。そして「砂漠」でした。潤いのない、命の全くない状態でした。本当に絶望の中にいたのです。神様はそんな彼らの心に共感しながら語るのです。そのような彼らのために「荒れ野に道を敷き／砂漠に大河を流れさせる。」と。

神様はまた、今日困難の中で失望落胆してしまいそうになる私たちにも共感して語られます。「荒れ野に道を敷き／砂漠に大河を流れさせる。」と。この御言葉を語られる神様には私たちへの強い思い、願いがあります。それは第一に、19節「今や、それは芽生えている」、そのことに気付くことです。新しい小さな芽生えに敏感になることです。実は、そのような芽生えが捕囚中のイスラエルにもありました。イザヤはもちろんのこと、エレミヤ、ダニエル、エゼキエルといった預言者たちによる回復の預言もありました。そして、今日の御言葉のすぐ後のイザヤ書44章にはペルシア王キュロスによる捕囚からの解放の預言が出てきます。しかし過去のいろいろな思いやマイナスのイメージに支配されてなかなか良き芽生えに気付かないのが人間です。それは昔も今も変わりがありません。

２００６年の歩みをふりかえるときどうだったでしょうか。苦しみや涙が多く、荒れ野だった、渇ききっていた、砂漠だった。そう思われるような一年だったかもしれません。でも今日の御言葉は、新しい芽生えを探すように、それを必ず見出すことが出来ると語ります。そして今日という日に神様と一緒に、心の中の新しい芽生えに応答してチャレンジすることが大事だと促しています。

少し前にある弁論大会の番組を見たことがあります。視覚障がいを持った方たちが自身の体験を語るものでした。ある中途失明をされた方が、いろいろな困難の中でなんとか生活が出来るようにしていく過程を語られました。その中で「その困難を壁と思うか、それともそこから新しい可能性が開かれる扉と思うか、それによって将来は違ってくる」と語っておられたのが、わたしの心に残っています。

人間の目には不可能なこと、人知で計り知れないことを神様は行われるのです。それはイザヤの時代、具体的にはバビロンからの帰還ということでした。あのバビロンからもう一度、エルサレムに帰れる。そういう望みです。

1985年5月8日、当時ドイツの大統領であったヴァイツゼッカーさんが、敗戦四十年目の日、有名な演説をいたしました。そのなかで元大統領は「ヨーロッパで共産化したのはすべてドイツが占領した国であった。それゆえ結果的に戦後ヨーロッパに分裂をもたらした責任はドイツにある」と述べています。

しかしそれから四年後、鉄のカーテンと呼ばれた東西ベルリンを分かつベルリンの壁が崩壊しました。ベルリンの壁が崩壊し、東ドイツが消滅することなど、誰が予想したでしょうか。1991年に解体するまであのソ連が崩壊するとは誰も考えなかったわけです。

しかし人間の目には不可能なこと、人知で計り知れないことを神様は行われるのです。そしてそこにはキリスト教会の祈りの力があったことが伝えられています。そこに新しいことを行う神様を信じ、今や、それは芽生えていることを悟った人々がいました。彼らは、抑圧という荒れ野に道を敷き、自由のない砂漠に大河を流れさせる方を信じていた。それはイザヤの時代、人々があのバビロンからもう一度エルサレムに帰れる、そういう望みを抱いたように、自由を奪われ、抑圧された人々の解放への望みが体制を崩壊させたのだと思います。

「見よ、新しいことをわたしは行う。今や、それは芽生えている。あなたたちはそれを悟らないのか。わたしは荒れ野に道を敷き／砂漠に大河を流れさせる。」（19節）

クリスマスによって、御子の到来によって、この世界にはまったく新しいことが始まりました。すなわち主イエス・キリストはわたしたちのなお暗い世界という荒れ野、わたしたちの心という荒れ野に道を敷き、そのような砂漠に大河を流れさせてくださいます。なぜならキリストがわたしたちの身代わりに通過された最も恐ろしい荒野と砂漠、それこそがまさに十字架であり、そしてそこからわたしたちのために救いの道が開かれ、恵みの生ける水が溢れ流れ出たからです。神様はわたしたちの一番痛んだところ、それぞれの荒野や砂漠にまで来てくださり、そこから祝福のみ業を始めてくださるにちがいありません。

〈**お祈り**〉造り主なる御神様、新しい年をここに加えてくださいましたことを感謝いたします。この年もまた志をたてて主に仕える年とさせてください。年の初めに、主がわたしたちのために「見よ、新しいことをわたしは行う。今や、それは芽生えている。」と語りかけてくださいました。どうかこのみ言葉をしっかりと心に留め、そのみ言葉に支えられ、四年目の伝道所の歩み、また一人ひとりの歩みも気を緩めぬ一年でありますよう、お守りください。

（2007年1月1日、新年礼拝）

見よ、十字架の主

マタイによる福音書27章32―56節

受難週の歩みも金曜日となり、使徒信条でいいますと、「十字架にかかり、死にて葬られ、陰府《よみ》に下り」とある箇所に至りました。イエス様がロバの子に乗ってエルサレムに入られてから十字架におかかりになり、復活されるまでの一週間について、わたしたちの四つの福音書には一つの際だった特徴があります。どの福音書も約三分の一を割いて伝えているのです。『ヨハネによる福音書』などは約半分が、この最後の一週間の物語に費やされています。マルティン・ケーラーというドイツの聖書学者が言っています。「福音書とは、拡大された受難史にほかならない」。さらに突き詰めると、キリストの受難物語の中心には、なんといっても十字架があります。

今日の箇所で、主イエスは十字架においてついに息を引き取られますが、その前に、イエス様が久しぶりに口を開かれるのです。主イエスは、ピラトの尋問の時に、「それは、あなたが言っていることです」とお答えになる言葉を発せられてから、そのあと沈黙されたままでした。ルカによる福音書では、十字架を担いでゴルゴタの丘に登って行かれるときに、言葉を交わしたりされていますが、マタイによる福音書では、何も書かれていません。沈黙をされ、何もお語りになりません。

しかし、この日十字架の上で、その沈黙を破るかのように、主は言葉を発せられたのです。「エリ、エリ、レマ、サバクタニ」。その意味は、「わが神、わが神、なぜわたしをお見捨てになったのですか」ということです。最初の、「エリ」というのは、ヘブライ語で「わが神」という意味、次の「レマ」はアラム語で、「なぜ」という意味、最後の「サバクタニ」もアラム語で、「捨てた」という意味です。当時のユダヤ人は、ヘブライ語の親戚の言語であるアラム語を話したと言われています。

しかも、それは、「大声で叫ばれた」と書かれています。それは、父なる神さまに対する強烈な問いかけの声でした。ここにわたしたちは、大きな衝撃を受けるのではないでしょうか。イエスさまが、父なる神さまに見捨てられたという。こんなに驚くべきことがあるでしょうか。

「見捨てる」と訳されているヘブライ語は、他にも「離れ去る」とか「無視する」という意味があります。そうすると「わが神、わが神、なぜわたしを離れ去ったのですか」という意味にもなり、「なぜわたしを無視なさるのですか」ということもできます。どれをとっても、恐るべきことです。

しかもマタイは、十字架の上のお言葉として、この一言だけを書き留めているのです。十字架にかけられたイエスさまは、四つの福音書すべてを総合すると、七回言葉を口にされています。しかしマタイは、その中のたった一つの言葉、この「エリ、エリ、レマ、サバクタニ」という言葉だけを取り上げているのです。つまりマタイは、「わが神、わが神、どうしてわたしをお見捨てになったのですか」に、私たちの目と耳を集中させているのです。昔からこの言葉については、いろいろと議論がありました。このような言葉をイエスが言ったということが、イエスがキリストではなく、単なる人間にすぎないことを証明している、というような人もいました。あるいは、イエスの事業は失敗したのだ、という人もいました。しかし、もしそうだとすると、主イエスがキリストであることを力強くあかしするマタイが、わざわざこのような言葉だけを書き留めるようなことをするでしょうか。もしこの言葉が、本当に、単に信仰を失った罪人の挫折の言葉だとしたら、マタイはわざわざそのような言葉を書き記すようなことをしなかったでしょう。いやそのように考えると、むしろ、この言葉こそ、イエスさまがキリストであり、救い主であることを証明していると考えるべきです。

しかし、いったいそれはどういうことなのでしょうか。

昔からこの言葉は、旧約聖書の詩編22編の冒頭の言葉であるといわれてきました。確かに詩編22編を開きますと、見出しの言葉に続いて、「わたしの神よ、わたしの神よ／なぜわたしをお見捨てになるのか」という言葉で始まっています。イエスさまが叫ばれたのと、同じ言葉なのです。そして詩編22編の内容を読むと、十字架のイエスさまとだぶって見えます。8–9節は、祭司長たちや通行人がイエスさまに向かってあざけった言葉です。19節を見ると、これも、十字架の下でローマ兵が、イエスさまの服をくじを引いて分け合ったということと合致しています。こうしてみると、たしかに詩編22編は、十字架の主を預言している歌であると考えることができます。この詩編の最後のほう、たとえば28節を見ると、「地の果てまで／すべての人が主を認め、御《み》もとに立ち帰り／国々の民が御前にひれ伏しますように」という言葉がつづられている。そして最後は、「わたしの魂は必ず命を得／子孫は神に仕え／主のことを来たるべき世に語り伝え／成し遂げてくださった恵みの御業を／民の末に告げ知らせるでしょう。」という言葉で終わっているのです。

主イエスは、この詩編22編の冒頭の言葉を叫ばれた。そしてそれは確かに、神に見捨てられた叫びの言葉です。私たちはそれを聞いて、非常に驚くのです。しかし、ここで主イエスが何のために黙々と十字架にかかられていったのか、ということを思いださなくてはなりません。罪なき神の子羊が、なぜ十字架へと向かわれたのか。その死刑台に上られたのか。それは、ご自分を救うためではなく、私たちを救うためであったということを、思い出さなくてはなりません。見捨てて逃げていった弟子たち、イエスさまを裏切った弟子、イエスさまのことを知らないと三度も否認したペトロ、自分たちの利益を守るために、無実のイエスさまに死刑判決を下そうとする人々、イエスさまが無罪であることを知りながら、自分の立場を守ろうとして十字架刑の判決を下したローマの総督ポンティオ・ピラト、イエスさまをあざけって打ちたたき、茨の冠をかぶせるローマ兵、「十字架につけろ」と絶叫する群衆。それして、十字架の上にイエスさまを罵倒し、あざける人々。それらの登場人物の中に、わたしたちは自分自身の姿を見ないでしょうか。

本来は、わたしが、わたしたちが、天の神から見捨てられ、滅ぶべきであった。しかし、今、驚くべきことに、神の御子である方が、父なる神から見捨てられている。それはただ、このわたしたちの代わりに、神から見捨てられてくださった、ということなのです。昼の12時に全地は暗くなったという。このことも、たとえばイザヤ書の13章10節を見ると、終わりの日の神の裁きについて書かれています。「天のもろもろの星とその星座は光を放たず／太陽は上っても闇に閉ざされ／月も光を輝かさない」と記されています。神の裁きです。まさに、主イエスは十字架上で、神の裁きを受けられ、見捨てられている。この私たちに代わってです。十字架上の絶叫の言葉は、それを強く証ししているのです。

イエスさまは確かに死なれました。しかしそれでおしまいではなかった。わたしたちは、このあと、最大の奇跡イースターを迎えるのです。パウロはコリントの信徒への手紙 二 4章14節でこう書いています。「主イエスを復活させた神が、イエスと共にわたしたちをも復活させ、あなたがたと一緒に御前に立たせてくださると、わたしたちは知っています」。主の死に与《あずか》る者は、主と共に復活する、信仰者に与えられたこの約束に生きるものでありたいと思います。

〈**お祈り**〉御子を十字架につけられ、多くの人の贖いとされた主よ、わたしたちはレントに入ってから折りあるごとに十字架を思い、御子の苦しみに与かろうと心がけてまいりました。そしてきょう、御子が十字架にかかられたこの日、わたしたちを十字架の基でほんとうにひとつとするために、自らの命を捨ててくださり、すべてのことを成し遂げてくださったことを、いま恐れと感謝をもって覚えます。このかけがえのない一日を私たちの人生におあたえくださいましたことを感謝しつつ、レントの最後のときを過ごし、どうかイースターの朝にあなたの甦《よみがえ》りのお姿に見《まみ》えることを得させてください。

（２００９年4月10日、受苦日夕礼拝）

謙遜な信仰

ルカによる福音書7章1―10節

3月11日以降、地震、津波、原発の同時複合災害によって、直接の被災者はもちろん日本全体が痛み苦しんでいます。岩手県大船渡市の医者で、聖書のケセン語訳で有名な山浦玄嗣《はるつぐ》先生が、被災のご体験を伝えておられます。「天災に対してはもうしかたがない、これは宇宙の構造であり理そのものなのでもう受け止めるほかありません。しかし原発事故は人災だと思います。人間がやることには穴があります。これに関しては生き残った者で話し合って改善策を決めていくほか無いと思います」。

その山浦先生が今回の出来事で感銘を受けた出来事が二つあったそうです。一つは患者さんたちのことでした。「瓦礫の中、病院に来た患者さんたちというのは、それはそれはつらい思いをしてきた人たちです。そうした人たちの口から、『何で自分だけがこんな目にあわなければならないのか』ということを一度も聞いたことがありません。誰に教わることなく敢然《かんぜん》とこの艱難《かんなん》を受け止めます。本当にあっぱれだと思います。」

二つ目は、「いやあ、生きててよかったなあ」と言いながらも皆、手放しでは喜ばないことだといいます。ほとんどの人が「自分より立派な人がたくさん死んだ。私みたいな者が生き残ってしまって申し訳ない」と言っていて、本当にあっぱれだと思うと述べておられました。

今朝は「百人隊長の僕《しもべ》の癒し」というお話を読みましたが、そこに登場する「百人隊長」というひともまた実にあっぱれな人物ということが出来るかと思います。百人隊長とはローマ軍の歩兵百人を指揮する下士官でした。当時、ローマの支配下にあったイスラエルには、駐留軍があちらこちらに居ました。カファルナウムも、そういうローマ軍の駐留地の一つで、その中の軍人の一人がこの百人隊長だったのです。

彼は、イエス様がカファルナウムに来られたということを聞くと、「ユダヤ人の長老たちを使いにやって、部下を助けに来てくださるように頼んだ」（7章3節）というのです。先ず、私はこの百人隊長の優しさに心を惹かれます。優しさというのは「優」（人偏に憂）、「憂う人」と書くように、人のために心を悩ませることを言うのです。他人《ひと》の苦しみを自分のことのように考え、一緒に悩みを分かつことが優しさです。

次にこの百人隊長は、謙遜な人でもありました。自分の部下のために、ユダヤ人の長老たちを使いにやって、どうか彼を助けてやってくださいとお願いをしているのです。百人隊長にとってこの部下は、仕事上では主人と部下という立場の違う関係でしたが、人間としては互いに命を分かち合う友人だったということなのです。この謙遜さが、彼の優しさであり、また彼の信仰の源になっていたのではないかと思うのであります。

そのような百人隊長の現状が、イエス様のもとにユダヤの長老たちから伝えられます。「あの方は、そうしていただくのにふさわしい人です。わたしたちユダヤ人を愛して、自ら会堂を建ててくれたのです。」とこう熱心に願うのを聞き入れて、「わたしがいって癒してあげよう」と仰ってくださいます。ところが、百人隊長は友達を使いに立てて、「いいえ、それには及びません。」と意外なことを申し出ます。7章の6-8節にはこうあります。

……そこで、イエスは一緒に出かけられた。ところが、その家からほど遠からぬ所まで来たとき、百人隊長は友達を使いにやって言わせた。「主よ、御足労には及びません。わたしはあなたを自分の屋根の下にお迎えできるような者ではありません。ですから、わたしの方からお伺いするのさえふさわしくないと思いました。ひと言おっしゃってください。そして、わたしの僕をいやしてください。わたしも権威の下に置かれている者ですが、わたしの下には兵隊がおり、一人に『行け』と言えば行きますし、他の一人に『来い』と言えば来ます。また部下に『これをしろ』と言えば、そのとおりにします」。

彼は、「主よ、わたしはあなたを自分の屋根の下にお迎えできるような者ではありません。」と、イエス様に言いました。これはどういう意味でしょうか。この世の権威からすれば、ローマの軍人である百人隊長の方が、一人のユダヤ人に過ぎないイエス様よりも上なのです。しかし、百人隊長は、イエス様はローマ皇帝の権威の下におられるお方ではない、別の権威の下に生きておられるということを感じているからなのです。

そして百人隊長は「ひと言おっしゃってください。そして、わたしの僕をいやしてください。」と言いました。あなたの権威のもとに生きる忠実な僕となりますから、どうぞ僕の願いを聞き、僕に命じてくださいというわけです。

私たちもこの世の権威のもとに身を置く人間ではありますが、この百人隊長のように、もう一つの権威、力、支配がイエス様のもとにあることを信じ、そしてイエス様のもとには世にはなき救い、世にはなき恵みの支配があるのだと信じて、その中に飛び込んでいくこと、それが信仰なのではないかと思います。これを聞いたイエス様は非常に感心をされて、ある種の驚きをもって、従っていた人たちにこう言ったというのです。「イエスはこれを聞いて感心し、従っていた群衆の方を振り向いて言われた。『言っておくが、イスラエルの中でさえ、わたしはこれほどの信仰を見たことがない。』」（7章9節）。

イエス様もびっくりするような信仰を、ケセンの山浦先生の表現ですとまことにあっぱれな信仰をこの百人隊長はもっていたということなのです。しかし、それは必ずしも百人隊長の信仰が特別に素晴らしかったという意味ではないかもしれません。神の国から遠いとされていた異邦人の百人隊長から、そういうまったく期待していないところから、このような信仰が飛び出すから、驚かれたとも読めるわけです。

百人隊長は異邦人でありました。「異邦人」というのは聖書の中では特別な意味をもっています。それはユダヤ人ではない、御国の子らではない、救いの外にいる人たちという意味なのです。しかし、たとえ異邦人だと言われましても、神様が必要なことは同じなのです。それは、私たちが自分には救われる資格がないと思っていても、やはり神様に救っていただきたい、そうでなければどうにもならないと思っているのと同じです。この「自分は救いから遠い人間である」という思いが、逆に百人隊長のこういう思い切った信仰を生むことになったのではないでしょうか。自分は当然救われる人間だと思っている人には絶対に出てこないような信仰の大胆さ、熱心さ、真剣さを生み出したのだと思うのです。

日本人は時として謙譲の美徳が転じて卑屈さになってしまう時があるのではないかと思うことがあるのです。しかしこういう卑屈さからは、信仰は生まれません。卑屈さというのもあまり度が過ぎますと、傲慢さになってしまうことがあるのです。たとえば、今聖書講座で出エジプト記を学んでいますが、モーセが神様の召命を受けたときがそうでした。

モーセは神様の召しに対して頑なに「どうぞ他の人をお遣わしください」と断り続けます。自分にはできない、自分は何者でもない、だいたい自分は口が重くて話すのが苦手なのだ、神様の大切な言葉を人に伝えるなんてまったく自信がない、もっとふさわしい人がいるはずだ……。神様は、このようなモーセに対して怒りを発して、つべこべ言わずに私に従いなさいと言われます。「私があなたを作ったのだから、あなたが何者で、何ができて、何ができないかなどはすべて知っている。あなたにその重い口を与えたのも私だ。その私が、すべてを承知であなたに命じているのだ」。つまり、あまり卑屈になり過ぎますと、私たちは逆に神様に自己主張をすることになってしまったり、自分を造ってくださった神様の業を否んでしまったりと、卑屈さの裏返しにある傲慢さに陥ってしまうわけです。

今日の招きの言葉にこうあります。「あなたがたがわたしを選んだのではない。わたしがあなたがたを選んだ。あなたがたが出かけて行って実を結び、その実が残るようにと、また、わたしの名によって父に願うものは何でも与えられるようにと、わたしがあなたがたを任命したのである」（ヨハネによる福音書15章16節）。その言葉が意味するものは、私たちがこの教会を選んでここに来たのではなく、キリストによって召されて、ここにいるということではないでしょうか。私も自分から選んでなったのではなく、神様に召されてこの教会の牧師になったわけです。皆さんも召されてこの教会に来たのではないでしょうか。「わたしがあなたがたを選んだ」といわれる主のお言葉を、あるがままに素直に受け入れることが真の謙遜さに通じていくのではないでしょうか。その自分の中には見劣りのする部分もあると思います。しかし、それもまた何か神様の御心があって自分がそのように造られたのだと前向きに受け入れて、この身を通して神様の栄光が現れますようにと自分をお捧げしていくこと、それが謙遜さなのです。そのような謙遜さと前向きさをもって、イエス様に近づき、イエス様の恵みの中に飛び込む思い切った信仰をもちたいものです。

〈お祈り〉わたしたちの患いを負い、病を担われるためにキリストをおつかわしになった神様。今朝の御言葉を通してわたしたちの信仰を養い力づけてくださり感謝いたします。この百人隊長はイエス様のもとには世にはなき救いと恵みの支配があるのだと信じて、その中に飛び込んでいく信仰に立つことができました。私たちはまことに欠けの多いものですが、いつも謙遜さと前向きさをもって、大胆に主に近づき、その恵みの中に飛び込む思い切った信仰をもたせてください。またその喜びの福音を、み言葉とわざを通して、対立にあけくれる世界に告げ知らせるものとならせてください。

（2011年5月29日、復活節第5主日礼拝）

群れはもはや恐れず

エレミヤ書23章1―6節

今日は教会暦最後の主日となりまして、来週からはじまるアドベントから新しい教会の一年が始まるわけです。したがいまして今日は教会暦最後の一週間、大晦日ともいうべき週を迎えております。ドイツの教会暦では終末主日と呼ばれておりますが、そのような日にわたしたちにはエレミヤ書がテキストに与えられました。

エレミヤというイスラエルの預言者は紀元前7から6世紀にかけて活動いたしました。エレミヤは23章の冒頭でこう告げます。「災いだ、わたしの牧場の羊の群れを滅ぼし散らす牧者たちは」。牧者とはこの場合イスラエルを支配する王たちです。この非難を理解するためには、イスラエルの歴史を知る必要があります。その当時のイスラエルは、ユダ王国が大国アッシリアとエジプトの間でかろうじて存続していましたが、このユダ王国も新バビロニアによって紀元前587年に滅ぼされてしまいました。そして、エルサレムから貴族や軍人、祭司や預言者、職人たちがバビロニアに捕らえられて連れ去られるという、未曾有の出来事がおこりました。これが歴史上名高い第一回バビロン捕囚です。その時約一万人の人が捕囚になったと聖書は伝えます。

ただエルサレムはかろうじて破壊を免れ、バビロニアは新しいユダの王としてゼデキヤを立てます。ゼデキヤ王はやがてエジプトの支援を得て反乱を企て、エルサレムはバビロニア軍によって再度包囲されます。エレミヤ23章の預言はこの時に為されたものと言われています。相次ぐ戦乱の中で国民は疲弊しているのに、王たちは自分たちの宮殿を増築したり、戦争の費用を調達するために新たな税を課したりしています。その悪政が国を衰退化させ、民を困窮させました。神はこのような不法を放置されないとエレミヤは預言します。「あなたたちは、わたしの羊の群れを散らし、追い払うばかりで、顧みることをしなかった。わたしはあなたたちの悪い行いを罰する」（23章2節）。王は民を養うために立てられているのに、あなたがたは自分を養うばかりで、民のことを気にもかけないではないか。だから私はバビロニアを用いてあなたたちを倒すと主は言われるとエレミヤは伝えます。エレミヤは国の興亡の中に神の意思を見たのでした。

はたしてその預言は前586年に現実のものとなりました。列王記は記述します。「王は捕らえられ、リブラにいるバビロンの王のもとに連れて行かれ、裁きを受けた。彼らはゼデキヤの目の前で彼の王子たちを殺し、その上でバビロンの王は彼の両眼をつぶし、青銅の足枷をはめ、彼をバビロンに連れて行った。……バビロンの王の家臣、親衛隊の長ネブザルアダンがエルサレムに来て、主の神殿、王宮、エルサレムの家屋をすべて焼き払った」（列王記下25章6―9節）。王は目の前で自分の子供たちを殺され、自身も目をくりぬかれて捕虜となり、エルサレムの神殿も王宮も火の海になりました。町は廃墟となり、目の前には数千、数万の死体が散乱しています。人々は呆然自失してその光景を見詰めています。その様はあたかも大空襲の焦土と化した諸都市、被爆した広島や長崎、近くは津波に襲われた東日本の各地に、呆然と立ち尽くしている人々と重なるでありましょう。そしてその中にエレミヤもいました。

このときエレミヤは国の滅亡を神の裁きと受け止めています。しかし神はイスラエルを滅ぼすために裁きを為されたのではない、神はイスラエルが悔い改めて立ち戻るために裁かれたのです。エレミヤは預言します「『このわたしが、群れの残った羊を、追いやったあらゆる国々から集め、もとの牧場に帰らせる。群れは子を産み、数を増やす。彼らを牧する牧者をわたしは立てる。群れはもはや恐れることも、おびえることもなく、また迷い出ることもない』と主は言われる」（エレミヤ書23章3―4節）。神はダビデの切り株から新しい牧者を立てられる、その方こそメシアだと彼は言います。「見よ、このような日が来る、と主は言われる。わたしはダビデのために正しい若枝を起こす。王は治め、栄え／この国に正義と恵みの業を行う。彼の代にユダは救われ／イスラエルは安らかに住む。彼の名は『主は我らの救い』と呼ばれる」（23章5-6節）。神は民を省みることをしなかったダビデ王家を倒されるが、その切り株のなかから新しい若枝を起こし、イスラエルは再び平安を与えられる。つまりエレミヤはメシアによって将来の救いを見ているのです。そのキリストはイエスという名前で来られましたが、イエスとはヘブル語イェシュア、つまり「主は救い」を意味しています。この「主は救い」と呼ばれた人こそ、旧約聖書で待望されたメシアの名前でありました。

今日の招きの言葉としてコリントの信徒への手紙 一10章13節をお読みしました。そこには「あなたがたを襲った試練で、人間として耐えられないようなものはなかったはずです。神は真実な方です。あなたがたを耐えられないような試練に遭わせることはなさらず、試練と共に、それに耐えられるよう、逃れる道をも備えていてくださいます」とあります。

「逃れる道」とあるところから、私には東日本大震災のことがどうしても思い出されます。じっさい巨大津波から逃げることができたか、そうでなかったかは、人々の生死を分けました。原発事故にさいしては逃げることのできた人、そうできなかった人、また逃げることを強制された人たちがいます。まず事故の後、三日と空けずに大量の外国人が日本を脱出しました。他方、いくら原発の近くであっても、先祖代々の土地に田畑や家畜とともに住んでおられる方たちは、生活の基盤を放棄することなどできようはずもありません。しかしながら放射線量があまりに多い地域に住む人々は、場合によっては行方不明の身内を探すこともできぬまま、強制的に退避することになりました。さらに現在は、子どもたちが日常生活の中で、大量の線量を浴びる危険が現実となっています。

岩波版新約聖書によれば、先程の聖書の箇所は「人間的〔な試練〕以外の試練があなたがたを捕らえたことはない。神は真実〔な方〕である。その神は、あなたがたが〔耐え〕得ないような仕方で試練に遭うようにはせず、むしろあなたがたが〔それに〕耐えることができるために、試練とともに出口をも造ってくださるであろう。」とあります。「人間的でない試練があなたがたを捕らえたことはない」。もっとはっきり言えば、「あなたがたを捕らえた試練は、すべて人によるものであった」。つまり神が試練をもたらすのではない。人がその原因を作るのだ、という意味になります。

もちろん私たちは、安易に「犠牲」や「贖罪」について語ることは許されません。亡くなった人々が悪人だったので、彼らに「神罰が下った」という意味に、すぐに誤解されるからです。亡くなられたのは、まったくの無辜《むこ》の民、罪なき民です。それでも聖書の伝統は、自然災害をも「人の罪」との関連で理解してきました。ノアの洪水伝説の冒頭には、人間の暴虐が地に満ちたために、神はこの世界を滅ぼそうと決心したとあります（創世記6章）。しかも洪水が始まるとき、「この日、大いなる深淵の源がことごとく裂け、天の窓が開かれた」とあります（創世記7章11節）。「深淵の源が裂けた」という表現は、おそらく荒れ狂う太古の海、したがって大津波をも含むようです。ユダヤ教黙示思想には、「人の罪」が自然界の秩序を狂わせてしまうという考えがあります。大量の放射性物質の自然界への放出は、「人の罪」以外のいったい何ものでしょうか。

大きな試練が私たちを襲うとき、それを「逃れる」ことなど誰にもできません。生きているそれぞれの場所で、それぞれの仕方で巻き込まれざるを得ないのだと思います。私たちは今、放射能の危険の中にありますが、ある意味で放射能とともに生きる覚悟を固めるべきなのです。私たちにできるのはその中をそれぞれの仕方で、しかしいっしょに通り抜けて、いつか抜け出る道、「出口」に到達することだけです。そのような出口、脱出口を神様は必ず作ってくださる。これが私たちの希望なのだ、ということではないでしょうか。

人生は苦難の連続のようです。しかし、苦難に陥ったイスラエルを顧み救おうとされたことを知った時、私たちはどのような苦難も災いも、神様からの試練として受け止めることが出来ます。捕囚という絶望とみえる出来事が、「平和の計画であって、災いの計画ではなかった」（エレミヤ書29章11節）ことを知るからです。神様のみ業は私たちに見えようが見えまいが、働いています。そして私たちは、すでに神の救いの業がイエス様の降誕により成就したことを見ました。ですから、現実の生活がいかに過酷であっても、出口の見えない闇の中でも、私たちは希望を持ち続けたいと思います。クリスマスとはこの希望を確認する時なのです。

〈お祈り〉憐れみ深い主イエス・キリストの父なる神様、今朝はイスラエルの預言者をとおして厳しい裁きの言葉とともに、散らされた羊たちを集め、もとの牧場に帰らせ、安心して生きていけるように、新しい羊飼いを立てるという、神様の約束を聞きました。わたしたちはその約束の成就を、羊のために命を捨て、十字架にかかって死んでくださるイエスに観ることを許されておりますが、どうかこれからもまことの羊飼いの下に、その羊として養われ生かされている喜びに応えて、私たちを収穫のための働き手として用いてくださいますように。そして神様、この救いの希望を、すべての苦しむ人、捕らわれている人、行き詰まっている人に、あなたご自身が与えてくださいますように。

（2011年11月20日、収穫感謝日礼拝）

主を信じる群れとして

使徒言行録9章31―43節

使徒言行録は、エルサレム教会が地理的に拡大するとともに数のうえでも発展してきた経過を記しております。今日お読みした9章は、初代教会の成長と発展についてひとつのまとめとなっております。「こうして、教会はユダヤ、ガリラヤ、サマリアの全地方で平和を保ち、主を畏れ、聖霊の慰めを受け、基礎が固まって発展し、信者の数が増えていった」（9章31節）。この御言葉には、前進する教会の要素が示されているように思います。このように使徒言行録はひとつのまとめをしたあと、9章32節から使徒ペトロのユダヤ伝道を物語っていきます。聖霊が使徒ペトロを用いられ、彼はエルサレムからリダ、ヤッファ、カイサリアと、ユダヤの町々を巡回し、伝道しました。それが11章でエルサレム教会に戻るまで続きます。

そのペトロの巡回伝道のなかで36節から43節は、使徒ペトロがヤッファ教会を訪れ、ドルカスという名のキリスト者の婦人を生き返らせたことを物語っています。ヤッファという町は、シャロンの野と呼ばれる肥沃な平野にあります。地中海沿岸の町です。そのヤッファ教会にタビタという婦人がいました。タビタはアラム語の名で、ギリシア語の名前ではドルカス、「かもしか」と呼ばれていました。彼女はおそらくかもしかのように奉仕のために活発に活動する女性であり、ギリシア語を話すユダヤ人キリスト者だったと思われます。ヤッファ教会において尊敬され、慕われていました。彼女が貧しい人々に善行と施しをしていたからです。

それは具体的には、貧しいやもめたちへの援助でした。しかし彼女は、お金持ちだったので貧しい人に施して助けていたのではありませんでした。39節に、彼女の世話になったやもめたちが、泣きながら、彼女が作ってくれた下着や上着を見せたとあります。タビタの奉仕は、自分のできるささやかな針仕事によって、やもめたちの下着や上着を作るということだったのです。決して大げさではない奉仕、見栄えのよい華やかな奉仕でもありません。地味な、人目にふれない、毎日こつこつと積み重ねられた働きでした。しかしこのような働きによって彼女は、教会にとってなくてはならない存在になっていたのです。

しかし、過労からでしょうか。彼女が病気になり、ついに召された時、ヤッファの教会は、深い悲しみと嘆きに捕らえられました。このような病や死の力の支配という現実に対して教会は教会そのものの悩みとしてどう関わっていくのか、あるいはどう共に担うのか、私たちにつきつけられている大きな問いにちがいありません。

通常ならば亡くなった人の遺体はすぐに埋葬するのが習慣なのに、ヤッファの教会の人々は、遺体を清めて階上の部屋に安置し、近くのリダに来ている使徒ペトロを招きました。そこには、死の支配している現実の中で、主イエス・キリストによる救いを切実に願う思いがあります。やがてペトロがやってきて、遺体の置かれている部屋に入ると、「皆そばに寄って来て、泣きながら、ドルカスが一緒にいたときに作ってくれた数々の下着や上着を見せた」といいます。そのときペトロはまず皆を外に出し、ひざまずいて祈り、遺体に向かって、「タビタ、起きなさい」と言いました。すると彼女は目を開き、起き上がったといいます。この祈りに応えて、主イエス・キリストが力をもって働いてくださることを祈り願ったのです。この祈りに応えて、主イエス・キリストがそのみ力を発揮してくださり、死の力を打ち破ってくださったのです。

このタビタの復活の出来事は、マルコによる福音書5章35節以下にある、主イエスによる会堂長ヤイロの娘の復活の奇跡と重なります。そこにおいて主イエスは、「タリタ、クム」と言って少女を生き返らせました。それは「少女よ、わたしはあなたに言う。起きなさい」という意味のアラム語の言葉です。ペトロもタビタにアラム語で語りかけたのだと思われます。それは「タビタ、クム」となります。つまりペトロは、主イエスご自身がなさった復活の奇跡と同じことをここで行なったのです。「皆を外に出し」とあるのも主イエスのなさったことと同じです。このように、ペトロが行なった癒し、また死者を復活させる奇跡は、主イエスご自身のみ業と重なります。

使徒言行録がここで語ろうとしているのは、ペトロを通して行なわれたこの救いの業は、主イエスご自身のみ業だということです。ペトロ自身が奇跡を行なう力を持っているわけではないし、また彼が何か独創的なことを考え出したのでもありません。自らは力のない、欠けの多い土の器に過ぎない者ですが、主イエス・キリストご自身の救いのみ業を、教会において行なう者として用いられているのです。

ここには使徒言行録のもうひとつのまとめがあります。つまり人々が、主に立ち帰った、そして主を信じたのです。それがこの出来事によって起ったことでした。彼らは、十字架にかかって死んでくださり、そして復活してくださった主イエス・キリストが、今、自分たちの歩みを、日々の生活を支え導いていてくださることを信じて、その主をこそ自分の支配者と認めたのです。私たちは病いや老いや死の力の支配をどうすることもできない存在であります。しかし私たちはもはやそれら悪しき力のもとではなく、主イエスの救いの恵みの下にあるのだと信じ、主イエスによる救いの恵みを喜び、感謝して生きる者とされたのです。それが、主イエスを信じ、主イエスに立ち帰るということです。私たちにいつも起らなければならないのは、このことでありましょう。

私たちの周りには、例えば世間体、世の人々による評価、評判という、この世に働く人間の思いが私たちを支配しようとしています。あるいはこの頃は「勝ち組と負け組」というような実にいやな表現で、まことに偏った規準で人間をランクづけしようとする風潮があります。そのような世間の風潮に翻弄される時、私たちは、神様が私たち一人一人を大切に思い、愛していてくださり、私たちのために独り子の命をさえ与えてくださっているという恵みを見失い、神様から離れてしまっているのです。私たちは、順調な時だけでなく、失意の内にある時、不遇の時にも、また病においても、老いにおいても、死においても、主イエス・キリストによる神様の救いの恵みが、死に勝利する新しい命が、私たちを捕らえ、支え、導いていることを信じる者でありたいと思います。

この物語に先立って9章31節では「主を畏れ、聖霊の慰めを受け、基礎が固まって発展し、信者の数が増えていった」と、エルサレム教会の成長と発展が記されておりました。この御言葉に、前進する教会のすべての要素が示されているように思います。第一に「主を畏れる」という点です。主はイエス・キリストのことです。「主を畏れる」とは、イエス・キリストの支配の下に生きることです。第二に「聖霊の慰めを受ける」という点です。以前礼拝で用いていました口語訳聖書は「聖霊にはげまされて歩み」と訳していました。第三に教会の「基礎が固まる」という点です。この言葉は、「堅く立ち」という言葉で、直訳しますと「神の手によって建て上げられていった」です。前進する教会は、人間の努力によるのではありません。それは神様の御手によるのです。神様はこの地上にあまねく教会を建て上げられ、私たちもまたそのお恵みに与っています。創立記念日の今日、わたしたちの教会もまた「イエスは主なり」との告白をなしつつ、神様によって建て上げられていく幸いを覚えつつ励みたいと思います。

〈お祈り〉本日は教会創立を記念するときが与えられ感謝いたします。どうかわたしたちが強い者の集まりではなくて、あなたから祝福される弱い者の集いとして、あなたの愛をもって奉仕する共同体とならせてください。私たちは小さな群れではありますが、どのようなときも圧倒的な力を持つ死に立ち向かいつつ生きて働いておられる主を告白し、主イエス・キリストの御支配に服従し、毎週主を礼拝し、崇め、感謝し、賛美できるようにお導きください。そして、わたしたちの家族、この町の人々をわたしたちの礼拝へとあなたの御許へとお導きください。

（2012年7月8日、創立記念日礼拝）

私たちのゲツセマネ

マルコ福音書14章32―42節

レントの歩みも最後の受難週に入りました。今日のテキストにゲツセマネの祈りが与えられました。ここからはもはや十字架におかかりになる前とはいえない段階にきています。つまり、このゲツセマネの祈りから、イエス様のご受難の物語が始まっているのです。オリーブ山はエルサレム郊外の小高い丘で、そのふもとにゲツセマネ（油絞りの意味）の園がありました。オリーブの油を絞る設備があったところからその名がつけられましたが、イエス様は三人の弟子を連れて、園の奥深くに進んで行かれます。マルコはその時の情況を次のように書いています。「イエスは……ペトロ、ヤコブ、ヨハネを伴われたが、……ひどく恐れてもだえ始め、彼らに言われた『わたしは死ぬばかりに悲しい。ここを離れず、目を覚ましていなさい』」（14章32－34節）。

エルサレム入城後、ユダヤ教の指導者たちとの対立は日に日に強まり、その結果殺されるかも知れないとイエス様は感じておられました。しかしいざその時が近づいた時、イエス様は不安に襲われ、もだえ苦しまれたというのです。私たちが驚くのは、イエス様が自分の弱さを弟子たちにお隠しにならなかったこと、そして聖書がそれを隠さずに記していることです。私たちが苦しみの中にある時、普通はその苦しみを人に知られまいと隠し、自分の力で何とかしようと思います。しかし、苦しみを解決できないままひとり苛まれる時、その苦しみは人を押しつぶすのではないでしょうか。この時イエス様は自分の苦しみをありのままに弟子たちに示され、共に祈ってほしいと言われます。他者に対してその苦しみを見せることは、他者に自分を開いてゆくことであり、ひいては神様の業にゆだねることではないかと思います。

「わたしは死ぬばかりに悲しい」、この言葉を弟子たちも聞き、彼らも共に祈り始めたでありましょう。イエス様は祈られます。「アッバ、父よ、あなたは何でもおできになります。この杯をわたしから取りのけてください」（14章36節a）。しかし、父なる神様は何の応答もされません。イエス様は神の沈黙の中にその御心を見られました。そしてこう続けて祈られます「しかし、わたしが願うことではなく、御心に適うことが行われますように」（14章36節b）。理解できないことでも、御心であれば受け入れていく、この祈りを導かれたのは父なる神様にほかなりません。

イエス様は死を受け入れる決心をされると弟子たちの所に戻られます。しかし、主イエスと祈りを共にするはずだった弟子たちは、睡魔に負けて眠り込んでいます。イエス様はペトロに言われます。「シモン、眠っているのか。わずか一時も目を覚ましていられなかったのか。誘惑に陥らぬよう、目を覚まして祈っていなさい。心は燃えても、肉体は弱い」（14章37－38節）。「心は燃えても、肉体は弱い」、これはイエス様のお叱りというよりは、許しではないかと思います。イエス様はその人間の弱さを知っておられるゆえに、ペトロを叱責されません。イエス様は再び奥の方に進み、祈られます。イエス様は苦闘の末、十字架を受け入れられたのです。見ると、弟子たちはまた眠り込んでいます。主イエスはひとり祈りを続けられます。マタイは「そこで、彼らを離れ、……三度目も同じ言葉で祈られた。」（26章44節）と記していますが、「彼らを離れ」とは、「彼らを許して」とも訳せる表現で、主イエスが弟子たちの眠りを受け入れて許していることを示しています。そしてそのことは、父なる神様が許しておられる、そのように理解できるのではないでしょうか。

最後にイエス様は弟子たちを起こして言われます。「あなたがたはまだ眠っている。休んでいる。もうこれでいい。時が来た。人の子は罪人たちの手に引き渡される。立て、行こう。見よ、わたしを裏切る者が来た」（14章41－42節）。ユダに率いられた捕り手が来るのが見えたのでしょう。もう主イエスには迷いはありません。三度の祈りを通してイエス様は神の御心を受け入れられた、その決意が「立て、行こう」という言葉の中に現れています。

　この物語を通して私たちは人間の弱さを目の当たりにいたします。始めの弱さはイエス様の弱さです。主イエスは「死を前におののかれた」のです。私たちもまた、苦しみの杯を飲まなければいけない時があります。重い病に冒される、仕事や事業が立ち行かなくなった、愛する人が亡くなった、人生には多くの波風があります。その中で私たちは必死に祈るのですが、神様が答えて下さらない時があります。どうして良いのか分からず、私たちは「もだえ苦しみます」。その時、私たちはイエス様さえおののかれたことを知り、慰められます。私たちのために弱さを隠されなかったからこそ、この方は私たちの友となられたのではないでしょうか。

　次なる弱さは弟子たちの弱さです。ペトロはイエス様が「(今夜)あなたがたは皆わたしにつまずく」(14章27節)と言われた時に大見得を切りました「たとえ、みんながつまずいても、わたしはつまずきません」(14章29節)。そのペトロはイエス様が血の汗を流して祈っておられた時、目を覚ましていることができずに眠りこけ、捕り手たちが来た時は恐ろしくなって逃げ出しました。イエス様が大祭司の屋敷に連行された時、ペトロは後を追いますが、人々に「おまえもイエスの仲間だ」と問い詰められると、「そんな人は知らない」と三度否認します(14章71節)。聖書はペトロが挫折したことを隠してはおりません。

今日の招きの言葉にヘブライ人への手紙5章7節を読みました。「キリストは、肉において生きておられたとき、激しい叫び声をあげ、涙を流しながら、御自分を死から救う力のある方に、祈りと願いとをささげ、その畏れ敬う態度のゆえに聞き入れられました」。

このヘブライ人への手紙の言葉の背景にはイエス様のゲッセマネでの祈りの記憶があります。多くの英雄や殉教者は、相手を呪いながら、あるいは神を讃美しながら、雄々しく死んでいくのが常です。しかし、イエス様はもだえ苦しまれたのであって、もだえ苦しまれたからこそ私たちの救い主だ、と教会は告白するのです。また、一緒に死にますと表明した弟子たちも、主イエスの必死の祈りの時には眠り込んでしまい、また、おまえたちもイエスの仲間ではないかと問い詰められた時には、そんな人は知らないと否認してしまいます。ここに弱さを隠さない信仰があるのではないでしょうか。人が弱さの中で、自分の力、信仰、確信をすべて放棄し、神様を呼び求める時にこそ、神様の力が働き始めるとの信仰です。挫折を知らない信仰は、ひとりよがりの自力信仰になってしまいます。「弱いときにこそ強い」(コリントの信徒への手紙二12章10節)といえる信仰こそ聖書の信仰なのです。

このゲツセマネの祈りは私たちにとって大事な祈りです。何故ならば私たちは必ず死ぬ時を迎えるからです。信仰者にとっても死は恐怖であり、その時、私たちが恐れてもだえてもよいし、おののいてもよいことは何という慰めではないかと思うのです。

西片町教会の牧師だった鈴木正久という方がおいでになります。日本基督教団の総会議長も務めた方で、肝臓ガンのために１９６９年、56歳で天に召されました。その鈴木牧師が最後の病床から教会員にあてたテープが残されました。鈴木牧師はこう語ります。

「娘からある日、『実はお父さん、もう手のつくしようがない』ということを聞いたときには、本当にショックでした。……今まで考えていた『明日』がなくなってしまった。『明日』がないと『今日』というものがなくなります。そして急にその晩は暗い気持ちになりました。寝たのですけれども胸の上に何かまっ黒いものがのしかかってくるような、そういう気持ちでした。……その時祈ったわけです。ただ『天の父よ』というだけではなく、子どもの時自分の父親を呼んだように『天のお父さん、お父さん』、何回もそういうふうに言ってみたりもしました。……そうしたらやがて眠れました」。

告白は続きます「夕方怜子に『ピリピ人への手紙』を読んでもらっていた時、パウロが自分自身の肉体の死を前にしながら、非常に喜びにあふれてほかの信徒に語りかけているのを聞きました。聖書というものがこんなに命にあふれた力強いものだということを、私は今までの生涯で初めて感じたくらいに感じています。パウロは、生涯の目標というものを自分の死の時と考えていません。それを超えてイエス・キリストに出会う日、と述べています。そしてそれが……本当に輝かしい明日なのです。……死をも越えて先に輝いているものである、その本当の明日というものがあるときに、今日というものが今まで以上に生き生きと私の目の前にあらわれてきました」（『鈴木正久著作集』、新教出版社）。

　これは鈴木正久牧師のゲッセマネの祈りですが、私たち一人ひとりにもまたゲッセマネの祈りがあり、またそれを避けることはできないと思います。しかし私たちの祈りは決して孤独ではなく主イエスの祈りによって支えられているのです。わたしたちもまた、闇がどんなに深くても、必ず光がやみに打ち勝つこと、人間の罪がどんなに深くても神様の愛と恵みと憐れみによって克服されることを信じるべきではないでしょうか、そして私たちもまたゲッセマネをおおっていた闇のような暗さの中で、「立て、行こう」と招かれるイエス様のあとに従うべきであろうと思います。

〈**お祈り**〉イエス様はゲッセマネの祈りを通して神様の御心を受け入れられ、ご自身の苦しみを通して救いの道が開かれるとのご決意へと至られました。こうしてイエス様が十字架におかかりになりその贖いによって始めて私たちの罪が赦され救いの道が開かれることも覚えることが出来まして感謝いたします。どうか神様の愛を余すことなく受け取り、その愛をもって隣人を愛し、隣人に仕えることができるものとしてください。

（２０１３年４月14日、受難節・棕櫚の聖日礼拝）

願いと祈り、執り成しと感謝

テモテへの手紙 一2章1－7節

私たちの教会がこの土地、この建物において田園都筑伝道所の開設をみましたのが、今から10年前、2004年9月12日（日）でした。その二か月前の7月9日に日本基督教団による伝道所開設の同意を得たことから、私たちは毎年7月の第2主日に教会の創立記念礼拝を守っております。しかし何事にも前史があり、伝道所に先立つ2001年1月7日（日）、親教会である田園江田教会の前進伝道のもとで、都筑区大丸の貸事務所にて「港北ニュータウン集会」が始まりました。本日の週報に№706とありますが、これは2001年1月7日からカウントした数字です。昨年は宗教法人としての登記を完了、さらに田園江田教会より土地建物の譲渡も頂くに至りましたが、神様による数々のお恵みとお導きを数えながら今日十周年を迎えることができまして、ほんとうに感謝に堪えません。さて創立を記念する特別な礼拝において、私たちに与えられた聖書のみ言葉は、テモテへの手紙一2章1節以下です。ここには教会が何を大事にしなければならないかが述べられています。1節に「そこで、まず第一に勧めます。願いと祈りと執り成しと感謝とをすべての人々のためにささげなさい。」とあります。教会がまず最優先に考えなくてはならないものは私たちが毎週守っている礼拝にほかなりませんが、その礼拝にとってとりわけ重要な要素となるのが、「願いと祈りと執り成しと感謝」です。願い、祈り、執り成し、感謝、それぞれが複数形となっています。特にこの「執り成し」の祈りは、教会に託されている大きな使命です。教会は一方ではこの世に属しながら、他方では神の国に属しています。神の国に属する教会は、この世の人々の罪を神様に執り成す務めを持っているわけです。教会は祈りを通してこの世に仕える存在、ということができると思います。

またこの手紙の著者は、そのような祈りを「すべての人々のためにささげなさい」と勧めています。祈りから外れる人があってはなりません。そして2節には「王たちやすべての高官のためにもささげなさい」とありますが、そこには当然ながらローマ皇帝や地方総督が含まれています。しかしかつても今も、政治的な権力を持つ人たちのために祈るのは難しいことではないでしょうか。とくにその為政者たちが迫害する者たちであれば祈るのはなおさら困難です。しかし主イエスは「敵を愛し、自分を迫害する者のために祈りなさい」（マタイによる福音書5章44節）と言われました。このような、いわゆる愛敵の祈りは人間的な感情や理解に従うならば到底不可能と思われます。いずれにしても祈りとは、何か人間の感情や理解の上に成り立つものではないことは確かです。

ちょうどこの「王たちやすべての高官のためにも（祈りを）ささげなさい」に対応する状況が、旧約聖書のエレミヤ書に記されています。それは29章4節以下です。「イスラエルの神、万軍の主はこう言われる。わたしは、エルサレムからバビロンへ捕囚として送ったすべての者に告げる。家を建てて住み、園に果樹を植えてその実を食べなさい。妻をめとり、息子、娘をもうけ、息子には嫁をとり、娘は嫁がせて、息子、娘を産ませるように。そちらで人口を増やし、減らしてはならない。わたしが、あなたたちを捕囚として送った町の平安を求め、その町のために主に祈りなさい。その町の平安があってこそ、あなたたちにも平安があるのだから」（エレミヤ書29章4－7節）。

エルサレムが破壊され、国が完全に滅びたのは紀元前587年ですが、その前にも度々バビロニアはユダに攻め込み、そのたびに多くの人々が千五百キロ離れたバビロンに連行され、無理やり難民とされたのでした。最低限の食べ物すら与えられず、故郷に帰ることは禁じられ、自分たちで生きていけ、という過酷さでした。人々を絶望が支配したことは、容易に想像できます。そのような人々にエレミヤは「家を建てて住み、園に果樹を植えてその実を食べなさい」と語ったのです。エレミヤはさらに「そちらで人口を増やし、減らしてはならない」とさえ述べます。もっともすぐ後でエレミヤは、「主はこう言われる。バビロンに七十年の時が満ちたなら、わたしはあなたたちを顧みる。わたしは恵みの約束を果たし、あなたたちをこの地に連れ戻す。」（同29章10節）と。しかし今は「町の平安を求め、その町のために主に祈りなさい」と述べるのです。

そもそもその町の人々とは決して穏やかな関係ではなく、むしろイスラエルの人々に辛くあたった人たち、いやそれどころか迫害する側の人たちでした。その町のために主に祈る――それは善人や悪人、あるいは味方や敵といった区別をする人間的な価値基準ではなく、人間をまるごと無条件に受け入れ肯定する、どこまでも神様の愛によって生きる生き方にほかなりません。

二週間前の7月1日、旧東独平和革命の指導者、クリスチャン・フューラー牧師が召されたとのニュースが届きました。折から今年はベルリンの壁が崩壊して二十五周年となりますが、１９８9年9月4日、ライプツィヒにて月曜デモ行進が始まりました。ライプツィヒはJ・S・バッハが長年活躍した地ですが、そこの聖ニコライ教会にて毎週月曜日、フューラー牧師を中心に「自覚的キリスト者」である学生や市民が集い、民主化を求めて「平和の祈り」を捧げ、そのあと市内をデモ行進するようになったのです。当初は数百人規模だったのが次第に大きくなり、１９８9年10月9日には七万人が参加したといいます。旧東独市民は「Wir sind das Volk!（我々は人民だ！）」と叫びをあげながら行進しましたが、最終的にはデモは三十万人にふくれあがり、ベルリンやドレスデンでも大規模なデモが展開され、一カ月後の11月9日、ベルリンの壁は崩壊するにいたったのです。

私はかつてベルリンに滞在中、旧東ドイツの多くのキリスト者と交わることができましたが、しばしば彼らから旧東独の教会は社会主義体制の只中にあってあのエレミヤの「その町の平安を求め、その町のために主に祈りなさい」という祈りをまさに自らの祈りとしてきたのだ、と教えられました。あれだけ長期間続いた世界の冷戦構造を根底から覆した東欧革命が、少なくとも旧東ドイツでは、自覚的キリスト者によるささやかな「平和の祈り」にその端を発したという事実を忘れることはできません。祈りとは神様への受動的応答といえるかもしれませんが、現代においても、そのような祈りが能動的・批判的行動を促し、ひいては社会変革をもたらす可能性はあるのではないでしょうか。

日本の教会は、どれもとても小さい群れです。しかし私たちはその小さな群が、その町にあるということの大きな意味を忘れてはならないでありましょう。いずれにしても人口三万人の町で、二十人、三十人の者がそれぞれの教会に集って礼拝をしている。それは、三万人の人々に代わって、その人々の為に礼拝をささげているのであります。その小さな教会が無くなっても、その町の人は少しも困らないかもしれません。しかし、その町に住む人々に代わって、その人達の為に礼拝し、祈りを捧げる者がいなくなるということは、重大なことなのです。私たちもそうなのではないでしょうか。都筑の地に住む、全ての人々のために、その人々に代わって礼拝をささげ、執り成しているのです。皆様の中には、家族の中で、職場の中で、自分だけがキリスト者であるという人も少なくないでしょう。そういう人は、自分が家族や職場の人々に代わって、その人たちのためにも礼拝をささげていることを覚えてほしいと思います。

私たちはエレミヤの様に、またパウロの様に、執り成しの祈りをささげる者として、神様に選ばれ立たされているのです。私たちは今日「願いと祈りと執り成しと感謝とをすべての人々のためにささげなさい」というみ言葉を聞きました。創立記念礼拝に与えられたこのみ言葉を証しする群れとしてますます励んでまいりたいと思います。これまでたどたどしい教会の歩みであったかもしれませんが、主が始めてくださった伝道のわざにお仕えし、励むなかで一歩一歩成長させてくださり、この日を迎えることができました。まことに私たちの力によるものではなくて、ただただ主の御憐みによることを改めて感謝し、さらにこれからも主のために働くものでありたいと思います。

（2014年7月13日、教会創立10周年礼拝）

友のため命を捨てる愛

ヨハネによる福音書15章12―17節

5月の連休の最中、本日はヨハネによる福音書15章の聖書テキストが与えられました。また、ただいま歌いました讃美歌21 三九三番は、かれこれ三百年前、バッハとほぼ同時代、ドイツのツィンツェンドルフという伯爵の作った讃美歌ですが、1節には「主はぶどうの幹、われらその枝」とあり、3節には「主はその友のため命を捨てた」と歌われています。実は私はドイツに行く前、新宿の早稲田にある早稲田奉仕園というキリスト教学生センターに関わっておりました。早稲田にきて一年ほど経って、1976年、早稲田奉仕園が運営する「友愛学舎」という学生寮に入りました。1908年、アメリカのバプテスト派の宣教師の方によって設立された古い寮に入って3年間共同生活をし、そこから早稲田教会に通い洗礼を受け、後に神学校に行ってからドイツに出発するまで奉仕園に関わり、今は理事として責任を負っております。

この友愛学舎の名前の由来は13節の「友のために自分の命を捨てること、これ以上に大きな愛はない。わたしの命じることを行うならば、あなたがたはわたしの友である」からきています。私にとってはかれこれ四十年にわたる馴染み深い聖句です。しかし同時に13節のみことばは、当時も今も私を驚かせるものであり、また恐れさせるものです。イエスさまはご自分の弟子たちを「友」とお呼びになりました。原語はフィロスですが、フィロスは人間的な愛情を意味しますから、文字通りの「友人」という意味であり、その関係は「友情」です。

弟子たちはイエスさまのフレンド、その関係はフレンドシップです。これは驚くべき、また恐れ多いお言葉であることは間違いありません。イエスさまは、この個所で「友」という言葉を「僕《しもべ》」という言葉と対比させて語っておられます。この点はイエスさまが「友」という言葉をどのような意味でおっしゃっているかを正しく理解するために重要です。「もはや、わたしはあなたがたを僕とは呼ばない。僕は主人が何をしているか知らないからである。わたしはあなたがたを友と呼ぶ。父から聞いたことをすべてあなたがたに知らせたからである」（15節）と。「僕」が上下関係を表す言葉であるとしたら、「友」は対等の関係を表す言葉であると言えるでしょう。垂直関係か水平関係か、でもよいかもしれません。あなたがたとわたしの関係は、これまでのような上下関係ではない。これからは対等の関係であるとイエスさまが言われたと読むこともできます。

対等、水平の関係という観点から「友のために自分の命を捨てること」を言い換えますと、自分の利益のために友達を利用しない、自分を守るために友達を見捨ててしまわない、友達のためには自分の時間や労力を捧げる、まず相手のことを優先するということになろうかと思うのです。しかしこれはなかなか難しいことです。相手が何かを求めてやってきたとき、今は仕事がたまっていて忙しいから、ちょっと予定があるのでと断ったり、後にしてくれ、明日にしてくれと言ったり。相手から何か話しかけられたり、何かを頼まれたりする時に「ちょっと待って!」というセリフを一番使うのは、親や教員、あるいは牧師もそうかもしれませんが、私たちは何かと理由をつけて自分を優先してしまいがちなものです。自分はしんどくなくて、痛くないところ、痛まないところで人を愛することなどできるはずはないのです。愛するということは、時間はかかるし、しんどくて、重たくて、そして痛いのかもしれません。

1954年9月26日、青函航路で台風十五号により洞爺丸の沈没事故が起きました。死者・行方不明者あわせて千百五十五人という日本海難史上最大の惨事となりました。たまたま洞爺丸には三名の外国人キリスト教宣教師が乗り合わせていました。一人は、YMCAで奉仕をされていたアメリカ人のディーン・リーパー氏(33歳)で、もう一人は、農村伝道神学校の校長をされていたカナダメソジストのアルフレッド・ストーン氏(52歳)、そしてもう一人がドナルド・オース宣教師でした。そのときリーパー宣教師とストーン宣教師は遭難死して、ドナルド・オース宣教師が奇跡的に生き残ったのでした。あとになっておひとり生き残ったオース宣教師は苦しんだようですが、大分後になってこう語っています。「洞爺丸が難船した当初、乗客はパニックに陥っていた。救命具が配られ、リーパーはみんなが救命具を装着するのを手助けしていた。ストーンはパニックにあるみんなを励ましていた。その時、船は大きく傾き、そこにドアを破って海水がなだれ込み、みんなはその海水に流された。（中略）その中でオースだけが奇跡的に救助されたのである」。お三人とも、日本と日本人を友とすべく、愛して福音宣教のために来てくださった方々であったと思います。従って日本の教会と青年教育のために注いでくださった愛のお働きを覚えるべきではないかと思います。

冒頭触れた三九三番の作詞者ニコラウス・ルートヴィヒ・フォン・ツィンツェンドルフ（Nikolaus Ludwig von Zinzendorf 1700-1760）は貴族（伯爵）で富に恵まれた家庭に生まれ、ヴィッテンブルク大学で法律を学びましたが、19歳でヨーロッパ各地を巡る教養の旅に出ました。そのときデュッセルドルフの美術館を訪れて、フェッティ（1589-1623）の描いた『苦しみの人』という絵を見たと言います。苦しみのイエスを描いたその絵の下には「わたしは貴方のためにこの苦しみを受けた。あなたは私のためになにをするのか」との題字が記されていました。この題字を読んだとき、彼は強烈な感動に襲われ、主ご自身が自分に問いかけられていると感じ、以後生涯を主に捧げる決意を固めたと言います。実際三年後、ザクセンのベルテルスドルフの地所を相続し、ここにモラヴィア兄弟団（Moravian Brethren）と名乗る施設をつくり、チェコから迫害を逃れた難民を受け入れます。「主の避けどころ」と呼ばれるこのモラヴィア居留地は六百名以上に膨れ上がるのですが、ツィンツェンドルフは多くの誤解を受け十年ほど領地から追放されるという、いわば外国の友のために自ら迫害を負う人生を歩みました。

イエス様は、15章15節で「もはや、わたしはあなたがたを僕とは呼ばない。わたしはあなたがたを友と呼ぶ」といわれました。僕や召使いは主人の言われたとおりにしなければなりません。自分の判断を差し挟む余地はありません。しかし私たちと主イエスの関係は、そうではなく、イエス・キリストの思いを知って、納得してそれに従う。だから「友」だとおっしゃるのです。それにしてもイエス・キリストという友は、私たちのこの世のすべての友を超えていることも事実です。この世の友は、どんなに親しくても裏切られる可能性があります。わたしたちは「主はわれらのため苦しみをうけ、その友のために命を捨てた」と歌いました。この世の友がどうであろうと、イエス・キリストだけは真の友としていてくださる。そのイエス・キリストが、ご自分の命をかけて、私たちを召してくださるのです。そのことを受け入れる時に、私たちの人生が新しく見え、新しくなっていくのではないでしょうか。

このことを受けとめて、この方に従っていきたいと思います。

〈**お祈り**〉恵み深き主なる御神、初夏を思わせる5月最初の主日、愛する兄弟姉妹たちと共に御前に集い御名を讃美し、御言葉を聞くことを許され感謝いたします。私たちの真の友となってくださったイエス様は「友のために自分の命を捨てること、これ以上に大きな愛はない。」といわれました。私たちの身の回りには失敗や挫折して落ち込んでいる人、病気や怪我のために辛い思いをしている人、孤独の中でつらい気持ちを抱えている人が、多くありますが、どうか私たち一人ひとりがその人に寄り添って慰め、励まし、その人の友となることができますように、私たちにあなたの愛と勇気を与えてください。次の主の日までの一週間の日々をあなたの御手にゆだねます。あなたに遣わされて行くこの世での歩みをお守りください。

（2015年5月3日、復活節第5主日礼拝）

汝《な》が助けはみ神より

詩編121編1―8節

今日、私たちに与えられましたのは、詩編121編です。この詩編は別所梅之助氏（1872-1945）の作詩により歌い継がれ、日本の教会では『山辺に向かいてわれ』として親しまれていいます（讃美歌三〇一番、讃美歌21一五五番）。これは「都に上る歌（巡礼歌）」とありますように、エルサレムの神殿への巡礼の時に歌われた歌です。イスラエルの国が滅び、住民がバビロンに捕囚となり、やがてエルサレムへの巡礼が許されるようになった時代の歌ではないかと言われていいます。「国が滅ぶ」という未曽有の出来事、悲嘆のどん底で、イスラエルの民にはお前たちが滅んだのはイスラエルの神がバビロンの神より弱かったからだと嘲《あざけ》る異邦人の声が追い打ちを掛け、人々の信仰が揺らいでいました。

その中で遠いバビロンから巡礼してきた詩人は、エルサレムに近づき、シオンの山々を望み、歌います。「目を上げて、わたしは山々を仰ぐ。わたしの助けはどこから来るのか」（1

節)。詩人はその険しい山々を孤独と不安の中で見上げています。「あなたはわたしたちの国を滅ぼされた、あなたは今でもわたしたちの神であられるのか、あなたは今でもわたしたちを愛しておられるのか」と、詩人は問いかけます。

ある説によれば、それは息子を送り出す父と子の対話であるといい、あるいは巡礼者を送り出す祭司が、委託を受けて慰め、執り成し、約束し、祝福をしたものと考えられています。いずれにしても答えは「わたしの助けは来る／天地を造られた主のもとから。」（2節）というものです。助けは人からも自然からも来ない、ただ神からのみ来ると詩人は歌います。詩人の叫びに応答するように声が聞こえます。「どうか、主があなたを助けて／足がよろめかないようにし／まどろむことなく見守ってくださるように」（3節）。共に巡礼する仲間の声なのでしょうか。詩人はその呼びかけに応えます「見よ、イスラエルを見守る方は／まどろむことなく、眠ることもない」（4節）。

実は多くの詩編がバビロン捕囚時代に書かれたといわれています。捕囚とされた彼らは失意の中で、エルサレムの神を慕い求めていました。そしてこの囚われの時期、それまでは「イスラエルの神」という民族固有の神であったのが、実は天地を創造され、支配しておられる「天地の神」であることに気づいたのだと思います。イスラエルの民は捕囚の異国の地で共におられる神様に出会いました。

5―6節はこう続きます。「主はあなたを見守る方／あなたを覆う陰、あなたの右にいます方。昼、太陽はあなたを撃つことがなく／夜、月もあなたを撃つことがない」。砂漠においては、昼は灼熱地獄であり、太陽は大いなる脅威です。また、夜は急激に温度が下がります。その寒さからも主はあなたを守ってくださると詩人は歌うのです。巡礼の仲間は呼応して歌います。「主がすべての災いを遠ざけて／あなたを見守り／あなたの魂を見守ってくださるように。あなたの出で立つのも帰るのも／主が見守ってくださるように。今も、そしてとこしえに」（7―8節）。この詩編で注目すべき言葉は、「見守る」と訳されたヘブライ語の「シャーマール」という言葉です。この言葉が短い詩の中に、六回も繰り返し現れてきます。私たちを「創造された主は今も働きたもう神」であり、常に私たちを「見守ってくださる神」であるとの信仰が、この言葉に込められています。

最初この詩人の眼差しは立ちはだかる険しい山々にありました。険しい山々、それは文字通りの山々というだけでなく、私たちの目の前に立ちはだかる越えがたい困難や苦難を意味していると思えてなりません。仮に私たちが深刻な病に陥り、余命いくばくもないと告知された時、私たちの人生は土台から揺さぶられるにちがいありません。癒されることを望みつつも、信仰をもってしても召されるということがあります。突き詰めると問題は死をどう受け止めるかということになってくると思うのですが、きわめて単純に言いますと、信仰者にとって天に召されることは神様の御許に帰ることと理解します。すなわち死は人の目に厳しく辛くとも、心から信じる時、私たちの人生は神の平安の中に包まれます。

死はすべての人が経験しなければいけない試練であって、これは人生の根本にかかわることであります。宗教改革者マルティン・ルターはこの詩編121編を読んでこんなふうにのべています。「信仰とはいろいろの知識を頭の中に詰め込むことではない。ただひたすら神の約束を信じて進んでいくことである」と。

今日の招きの言葉はヨハネの手紙一3章19－20節でした。「これによって、私たちは自分が真理に属していることを知り、神の御前で安心できます。心に責められることがあろうとも。神は、私たちの心よりも大きく、すべてをご存じだからです」。

この招詞との関連でお話したいのが、ドイツのヨッヘン・クレッパー（1903-1942）という人についてです。クレッパーは、ルター、パウル・ゲルハルト（1607-1676）に次ぐ偉大な賛美歌詩人と言われております。

クレッパーは牧師の道を断念して文筆家となり、ベルトセラーとなる小説『父』（1937年）によって文学者としての地位を確立した人でした。彼にとって運命的だったのは、１９３１年、ハンニ・シュタインというユダヤ人女性と出会い、結婚したことでした。１９３３年、ヒトラーは政権を獲るとやがてユダヤ人の絶滅計画を実行に移します。この絶滅計画によって妻ハンニとその二人の娘たちはアウシュヴィッツの強制収容所に送られることになってしまいます。クレッパーは、長女をかろうじてイギリスに亡命させることができたのですが、1942年、次女の亡命が叶わないことが判明、その夜、三人はベルリン郊外にある自宅でガスによる自死を遂げたのでした。1942年12月10日の夜でした。

戦後1950年代半ばにクレッパーの日記『みつばさのかげに』が出版されました。抄訳として小塩節・小槌千代訳『みつばさのかげに——愛と死の日記』（教団出版局）があります。クレッパーは死の直前、日記にこう書いています。「ハンニとレネルレを強制追放のうちで最も残忍で身の毛もよだつ共生収容へ行かせることは私にはできないのは神もご存知だ。ルターがしたようには私は神に約束できないのはご存じだ。『彼らが肉体、財産、名誉、子どもと妻を奪うなら、その通りにさせてください』」（1942年12月8日［火］）。

彼は最後の日記にこう綴りました。「午後、秘密保護警察での交渉。ついに、私たちは死ぬ。ああ、このことも神のみもとにある。私たちは今晩、一緒に死に赴く。最後の数時間私たちのために闘っておられる祝福するキリスト像が、私たちを超えて私たちの頭上に立っておられる。この瞬間、私たちの生は終わる」（1942年12月10日［木］）。

木彫りのキリスト像の前で三人はこの世の生を閉じました。クレッパーたちの死はいたましく、不条理の極みとしか言いようのないものです。しかし、迫害されるユダヤ人たちと死に至るまで身を投じたことが彼独自の抵抗だったのではなかったでしょうか。

日記にあるように、彼は死もまた「神のみもとにある」と信じていました。そして最期の瞬間まで、彼は共に闘ってくださるキリストを仰ぐことをやめてはいませんでした。ベルリンのニコラスゼーにあるクレッパーら三人のお墓には、招詞のヨハネの手紙の聖句が刻まれています。クレッパーは、ヨハネが書くように、私たちの心よりも大きく、すべてをご存じである神様にゆだねて最期を迎えたのでありましょう。詩編121篇の詩人と同様、クレッパーもまた神様が自分の魂を見守ってくださることを信じていたはずです。私たちが苦難にあるとき、そしてたとえ死を前にしても、詩編121篇のみ言葉は私たちを支え、すべてを主にゆだねて進める力を与えてくださると思います。

〈お祈り〉神様、わたしたちはまことに罪深く、あなたの義を得ておらず、だれひとりあなたのみ前に完全なものはおりません。ひたすらあなたのみ前に赦しを請うべきものでありますす。しかし主よ、わたしたちはあなたのふかいあわれみによってイエスキリストに捕らえられております。どうか助けは御神よりくるとの確信に立って、ひたすら救いの目標を目指して、信仰の人生を走り続けるものとしてください。

（２０１５年６月14日、子どもの日・花の日礼拝）

みもとにいかりをおろして安らわん

イザヤ書55章8―11節

新屋家の皆様、本日私たちは、主にある敬愛する新屋徳治先生を神様の御許にお送りすべくこの場に集っております。新屋先生は順子先生とご一緒に、田園都筑教会の群れを覚えて2002年以来ともに礼拝を守られ、折々に説教のご奉仕を頂き、お導きとお交わりを頂いてまいりました。残念ながら本日順子先生はおいでになれませんでしたが、しばし愛するお父様、おじい様としてのご生涯を振り返りつつ、神様の御手のうちにおかれている新屋先生に思いを寄せたいと存じます。

新屋先生は1920年2月21日東京にお生まれになり、府立四中（現都立戸山高校）卒業後、海軍兵学校に進まれました。卒業後まもなく太平洋戦争に突入、1942年ガダルカナル沖の海戦から奇跡的生還されるも捕虜抑留の身となり、そこで導かれ受洗に至ります。戦後すぐに献身、日本聖書神学校に学ばれ、1952年教団正教師となられ、鹿沼教会、宇都宮教会、曙教会を牧会、マコーミック神学校留学後に日本聖書神学校の旧約学教授並びに校長として次代を担う伝道者養成と教職の神学教育に多大の貢献を成して来られました。同じ日本聖書神学校に学ばれた金井順子先生と1949年、卒業時にご結婚、善樹さん、譲治さんはマコーミック神学校留学時にお生まれになったと伺いました。

新屋先生の人生を語るとき、どうしてもその生涯を決定した回心の出来事に触れなくてはなりません。ドン・ステファンズ著、新屋順子訳『戦争と恵み』（キリスト新聞社刊）によりますと、あの太平洋戦争が始まった翌年、1942（昭和17）年11月12日の真夜中、水雷長として乗り組んでいた駆逐艦「暁」は、ガダルカナル沖で米軍の集中砲火を浴び、艦橋にいた新屋中尉は爆風で吹き倒され、負傷、やがて艦はもろくも沈み、暗黒の海にほうり出されてしまいます。ご自身そうした事態に対処する心構えは当然持っていたはずとしながらも、「あまりにも突然の予期せぬ運命の急転に、心はすっかり転倒してしまい、ただ本能的になっていた」と回想しておられます。しかも、翌日米軍のボートに見つかり捕虜となってしまいます。日本の軍隊では、敵の捕虜になるということは、死にまさる屈辱であると教え込まれていました。その捕虜という境遇に自分自身が陥ってしまったという驚きから、自分の足元から、世界が崩れ落ちて行くような気がしたといいます。

それからニュージーランドのフェザーストン捕虜収容所での生活が三年近く続きました。

その間、ご自身はずっと死を願い、断食によって死を試みたこともあったそうです。しかし死を願う良心の叫びとは反対に生への強い本能にも気づかされたのでした。

そのころ、たまたま徳富蘆花の「勝《かち》の哀しみ」という一文に接し、深い感動を覚え、熱烈な求道心を揺り起こされます。実はその最後の結びに旧約聖書の一人の預言者イザヤの言葉が引用されていました。「エホバを俟望《まち》むものは新たなる力をえん、また鷲のごとく翼をはりてのぼらん、走れどもつかれず歩めども倦まざるべし」(イザヤ書40章31節)。この言葉がきっかけとなり、ついに聖書を開いてその第一ページから読むことを始められたのですが、小さな柵の中で毎日毎日を過ごしている間に、次第次第に人間の弱さ、小ささ、絶望の姿をまざまざと示され、その思いに圧倒されるようになっていきました。そして、人間のうちには自分を救うことのできる力はないのだ、人間は人間よりも高い、人間を超える何者かによって救われるのでなければ、永遠に絶望の存在なのだ、ということを深く示されるようになったのです。内面の葛藤をつづけた果てに、最後に自らの弱さを素直に認め、すべてをイエス・キリストにゆだねたとき、そこに不思議にも、これまでにない新しい生命の充実と、なんとも言えない心の安らぎを与えられたのでした。

この後、讃美歌二八〇番を歌いますが、新屋先生はこの讃美歌こそイエス・キリストの救いの確かさを力強く歌っていると語っておられます。

1　わが身ののぞみは　ただ主にかかれり、主イエスの外《ほか》には　よるべきかたなし。
（折り返し）わがきみイエスこそ　すくいの岩なれ、すくいの岩なれ。
2　風いとはげしく　なみ立つ闇夜も、みもとにいかりを　おろして安らわん。

イエス・キリストこそ、私たち人間が「たましいの錨」を降ろすべき唯一の御方であり、人生の荒海にも「たましいにとって頼りになる、安定した錨」「たましいを安全にし、不動にする錨」にほかならない。新屋先生は戦後一貫してこのメッセージを発信し続けて来られたのであります。

新屋徳治先生は２００９年に最初のシャントの手術をうけられ、２０１１年には再び手術を強いられましたが、最初の手術の折、順子先生が次のようなお覚悟をメールでお伝えくださいました。「私はあのガダルカナルの海で船と共に海に沈められながら夫を救い上げ、これまで67年も生かしてくださった主が、最善の道を備えてくださることを確信することが出来、心静かにその日を迎えたいと思っております。」そのお祈りがかなったというべきでしょうか、ぎりぎりまでお二人の日々が守られ、いちばん大切にされ愛してこられたご家族に見守られるなか、やすらかに天に召されました。

先ほど二千五百年以上前のイスラエルの預言者イザヤによる旧い約束を聞きました。そこには神さまの思い、私たちの思い、そして神さまの道、私たちの道という重要なキーワードがでてまいります。まず「わたしの思いは、あなたたちの思いと異なり／わたしの道はあなたたちの道と異なる」とあります。これは私たちの思い、私たちの道がすっかり終わってしまったかにみえるところ、まさにそこに神様の思いと道とがある。私たちがもう終わってしまったところから、神様は始められるということに他なりません

新屋先生はあるお説教の中でこのように警鐘を鳴らしておられました。「日本はあの太平洋戦争に敗れて以来、荒廃と混乱のドン底から、目に見える形ではかつて予想もできなかった復興を成し遂げてきました。今日私たちは、少なくとも物質的な面では、これまでにない豊かさを楽しんでいます。だが物質的な豊かさは、そのまま人間を本当の意味で幸福にしているのでしょうか。必ずしもそうではないのが現実です。『自分のために富を積んでも、神の前に豊かにならない者はこのとおりだ』（ルカによる福音書12章21節）というイエスの言葉こそ、今日の日本人すべてに対する最大の警鐘ではないでしょうか。」

混沌とした荒海のような姿、そのような時代に生きる私たちを本当に強め、生かし、勇気を与えてくれるものは、新屋先生と順子先生が示してこられたようにお互いに理解しあえる平和な関係をつくること、隣人との共生、和解の道を歩むことではないでしょうか。

今日の聖書の最後には「わたしの言葉も／むなしくは、わたしのもとに戻らない。それは

わたしの望むことを成し遂げ／わたしが与えた使命を必ず果たす。」とあります。私たちの命や人生に完成はありません。しかし、決してむなしくはならないのです。なぜなら神様ご自身が最後に望むことを成し遂げ、必ず完成してくださるからです。ここに私たち人間に対する、神様の深い憐れみと大きな慰めがあらわれていると思えてなりません。

キリスト者はいにしえから「主は与え、主は奪う。主の御名はほめたたえられよ。」（ヨブ記1章21節）と確信してきました。その確信にもとづいて、新屋先生も地上での歩みの最期まで祈りつつ過ごしてこられました。わたしは神様の深いあわれみによって、新屋先生はいますでに主の御許に、御国に迎え入れられたことを信じております。

〈お祈り〉私たちは本日、徳治先生を通して神様からいただいた、たくさんの大切な、素晴らしい断片を想い起こしながら、それらを私たちに身を持って示していただいたことを感謝したいと思います。わたしたちはいま別れの悲しさのなかにありますが、そこから神様が立ち上らせてくださる時が必ず来ます。そして召された方がその人の心の中で、現世のままに生きつづけていることを実感するときが必ずくると思います。故人の魂の平安と、残された皆様の上に、神様のより豊かな祝福と平安があることを心からお祈りいたします。

（２０１６年6月4日、新屋徳治先生葬儀）

揺り動かされることのない御国

ヘブライ人への手紙12章18―29節

聖書の各文書にはそれぞれ特徴がありますが、今日のヘブライ人への手紙をみますと、とくにすぐ前の11章ではほとんど一節ごとにくり返し「信仰によって」ということばが出てきます。この信仰こそ私たちキリスト者にとって旅路を導く杖、また航路におけるいわば羅針盤ということができます。今日の12章では、その信仰の重要性を踏まえ、今度はその信仰のあらわれであり、またその信仰を支える礼拝について述べています。

この箇所では二つの礼拝の仕方が対比されています。一つは古い礼拝といいますか、律法が与えられた時のシナイ山における礼拝です。それは、燃える火、黒雲、暗闇、暴風、ラッパの音、一度聞いたらもう聞きたくないと思うような厳しい響き、すさまじい様相を帯びていました。モーセでさえも、神のおられる山に近づきたくないと思い、怯《おび》え、震えたほどのものであったといいます。当時は、神を見たら死ぬと人々は恐れました。それでもモーセは神の御心をうかがうために山に登って神様に近づかねばなりませんでした。その時の様子を出エジプト記19章ではこう言っています。

「主はモーセに言われた。『民のところに行き、今日と明日、彼らを聖別し、衣服を洗わせ、三日目のために準備させなさい。三日目に、民全員の見ている前で、主はシナイ山に降られるからである。』」（19章10節）。「民のために周囲に境を設けて、命じなさい。『山に登らぬよう、また、その境界に触れぬよう注意せよ。山に触れる者は必ず死刑に処せられる。』」（12節）。モーセは神さまから戒めを受け取るにあたって山に登りましたが、その際、神様との会見は命がけであり、そこには厳粛な恐れがありました。

それと比べて、22節からは、主イエス・キリストが見せてくださる礼拝の姿が示されております。大祭司イエスは神様の右に座っておられて私たちのために執り成しておられる。その主によって、私たちは神様に近づき、礼拝することができるのです。キリストが示された礼拝は信仰の目によってのみ見える、天における礼拝の幻によって支えられています。もはや、私たちは恐れることなく大胆に御前に近づくのです。

神様との交わりが厳粛で恐ろしいものという旧約の世界をイエス様は打ち壊しました。厳粛さも恐ろしさもすべてなくなるわけではありませんが、イエス様は神様と私たちとの間に平和をもたらし、もっと自由な霊的な世界における交わりの場を開いてくださいました。私たちはモーセが上った山に近づくのではなく、イエス・キリストの十字架の贖いによって、天の世界に入れてもらっているのです。私たちには恐れではなく、喜びと共に礼拝できるような心を与えていただいたのです。

ヘブライ人への手紙の著者は、25節以下で、旧約の預言者のひとりハガイ書2章6節の箇所を引用して「このように、わたしたちは揺り動かされることのない御国を受けているのですから、感謝しよう。感謝の念をもって、畏れ敬いながら、神に喜ばれるように仕えていこう。」（28節）と教えています。「御国を受けている」は現在形です。クリスチャンにとって天国、神の国とはこの地上での旅を終えてからイエス様のもとへ召され、イエス様と共にいることになるという、将来的信仰も大切で事実なのですが、キリスト信者は、現在、すでに御国、神の支配に与っているという確信もまた大切です。すなわち神われらと共に在すという信仰が大切です。そこから感謝の念が起こされ、神様を畏れ敬いながら神様に喜ばれるよう仕えていこうという信仰の実践へと導かれてゆくわけです。

ある社会学者が現代の人間を二つのタイプに分けています。一つは羅針盤型の人間、そして今一つはアンテナ型の人間です。羅針盤型の人間というのは、私たちが自分の人生を律していく行動の基準、規範、良心、そういうものを内にもっている。つまり、自律的な人間です。これに対して、アンテナ型の人間というのは、いつもアンテナを張って、たえず世間の動向に注意を配って、他人と同じように行動しようとする人であります、私たちキリスト者はアンテナ型人間というよりは羅針盤型の人間、基本的に自律した人間であるはずです。というのは自分の心の中に良心という内面の権威をもっていて、その良心の声に従って行動する。信仰を羅針盤として生きている。それが私たち信仰者ではないかと思うのです。

この地上でのわたしたちの人生では、いろいろな出来事で私たちは揺り動かされることがあります。病気や災害、いろいろな災難や迫害、そのうえ、さまざまな試練で悩むこともあります。人生は「揺り動かされるもの」で満ち溢れています。不安定、不満足、不確実、そんな要素が人生にはたくさんあって、本当に安息できるような状況はなかなか見えてこないのです。

では、私たちには希望はないのでしょうか。決してそうではありません。今日の手紙で著者は「わたしたちは揺り動かされることのない御国を受けているのですから、感謝しましょう。感謝の念をもって、畏れながら、神に喜ばれるように仕えて行こう」と励ましています。ここに希望があります。

いつの時代も世は移り、人は変わってまいります。しかし神様のみ言葉、神様のお約束は変わる事が無いのです。ここに信仰と希望と愛の根源があります。モーセの時代のように恐れおびえることなく、感謝をもって神様に近づけるのは主イエスの十字架によるものです。

ハガイの預言にあるような地上への様々な試練や艱難、裁きなどを通過しながらも、感謝しながら生きていける道をイエス様は開いてくださいました。私たちは、神様に守られつつ、信仰者・礼拝する者としての道を進むことができるのです。行き着く先は神様が用意してくださった永遠の都、天の故郷、先日天に召された新屋徳治先生流に言わせていただくと天の港ということでありましょう。そのときまで、私たちは感謝をもって主を礼拝し、喜びをもって愛を分かち合って参りたいと思います。

〈**お祈り**〉天にいます父なる神様、今日は地上への様々な試練や艱難などを通過しながらも、神様に近づき、喜びと希望をもって生きていける道をイエス様は開いてくださった、そのことを覚えて礼拝を守ることができまして感謝いたします。この地に建てられたあなたを礼拝する群れとして、どうかあなたの与えてくださった約束にお応えしていく信仰を強めてください。あなたが私たちの群れと共に働いてくださり、あなたのお恵みの確かなことを表してくださいますよう、お願いいたします。

（２０１６年６月12日、聖霊降臨節第５主日礼拝）

イエス様こそ私の最高の宝

マタイによる福音書2章11節

今年もこうして、アドベント・クランツやろうそくに明かりをともし、クリスマスの喜びをいっぱいに装った教会の中で、皆様とご一緒にイヴの礼拝を過ごせますことを感謝いたします。わたしたちはメリー・クリスマス、クリスマスおめでとう、とお互いに挨拶をかわして、大きな喜びを持ってこの季節を過ごします。しかし、クリスマスはいったいどうしておめでたいのでしょうか。ルカによる福音書では、最初に大きな喜びを知らされたのは羊飼いたちでした。天使はこう告げました「恐れるな。わたしは、民全体に与えられる大きな喜びを告げる。……あなたがたは、布にくるまって飼い葉桶の中に寝ている乳飲み子を見つけるであろう。これがあなたがたへのしるしである」（2章10－12節）。この「しるし」は神様の救いの恵みが、他ならぬこの自分に与えられていることを確信するために与えられているのです。

しかしこの世の目に見える現実の中でこの喜びに生きることは簡単ではありません。現代はグローバリゼーションによる様々な問題によって民族・文化的対立やテロリズムが噴出している世界です。また今日の格差社会では弱い立場の人はそれ故に周辺へと追いやられ、切り捨てられてしまいます。この目に見える現実と、あの夜天使たちが「天にはみ栄え、地に平和」と賛美した内容には、余りにも大きな隔たりがあって、私たちはとまどいを覚えざるを得ません。今このときにも愛する家族を失ってひとしお深い悲しみにある方もおられます。毎日懸命に闘病や看護の日々を過ごしておられる方、生活の重荷にあえいでおられる方などもおられます。クリスマスの喜びなどはわたしには無関係だといったお気持ちで、いやむしろ他の季節以上に一段と悲しさや孤独な思いをかみしめておられる方もきっといらっしゃるにちがいありません。しかしクリスマスはまさにそのような私たちのために心に喜びの灯をともしてくれる出来事なのです。

ルカによる福音書とともに、イエス様の誕生を物語っているもう一つの福音書は、マタイによる福音書です。そこには東方からやってきた占星術の学者たちのことが語られています。「ユダヤ人の王としてお生まれになった方は、どこにおられますか。わたしたちは東方でその方の星を見たので、拝みに来たのです。」と書かれています。そしていま賛美歌「われらはきたりぬ」によって美しく歌われたように、彼らは「宝の箱を開けて、黄金、乳香、没薬を贈り物として献げた」（11節）というのです。宝という以上は、場合によっては命がけで守るものでありましょう。命がけで守るべき宝を、彼らははるばる乳飲み子であるイエス様に持ってまいりました。それがクリスマスだと聖書は語ります。その理由は、イエス様こそ私の最高の宝、私たちが持っている宝以上の宝だということです。この方には自分の宝ものをおささげする、ささげて悔いないというのです。

アメリカの作曲家にジャン・カルロ・メノッティ（1911-2007）という人がいます。メノッティはイタリア出身の人ですが、１９５１年に『アマールと夜の来訪者』という一幕もののオペラを書いています。アメリカなどではクリスマスのテレビ番組の定番になっているようです。これは三人の博士のテキストに基づいた創作ですが、彼が亡くなった折、あのオペラが再び思い出されたことがありました。

ときは紀元一世紀、ところはベツレヘムの近郊、ある冬の晩のことです。足の不自由な少年アマールはかつて羊飼いをしていたのですが、貧しさのため羊をみな売ってしまい、母と二人この先は物乞いをして食べていかなければならないような状態でした。その夜アマールはいつまでも星を眺めていました。アマールは母親に「巨大な星が流れて行ったよ。」と今見た不思議な光景を話したのですが、母親はまたいつもの作り話だと取りあいません。

二人が眠りにつき暫くすると、誰かが小屋の扉をノックしました。アマールが扉を開けると、そこには三人の王様と、沢山の荷物を持ったお付きの小姓たちがおりました。王様の一人メルヒオール王は「特別な星の行方を追っている途中なので、少しの間休ませていただくだけです。」と長居しないことを伝えます。アマールはこの突然の出来事に心を踊らせ、とりわけ興味を持った宝石箱のことでカスパール王を質問攻めにします。耳の不自由なカスパール王は何度も質問を聞き返しながら、「これが私の宝石箱」とユーモラスな曲で歌いながら説明します。一方、母親は王たちにこの沢山の荷物は何かと尋ねます。それは東の星が導く先にいる、聖なるみどり子の所へ持って行く贈り物だと言います。こうして夜が更けアマールたちも寝る支度をして眠りにつきました。

ところが母親は近くに置かれた贈り物が気になってなかなか眠れません。「みんな黄金！みんな黄金！わが子のために、わが子のために。」あの中の金の一片だけでもあれば少しは生活が楽になるだろうと、ついつい宝石箱に手を出してしまうのです。しかし従者に発見されて夜中に大騒動になります。アマールは必死になって母親をかばい、「ああ、王様、母さんを打たせないで。母さんはいい人なのです。間違ったことはできないのです。ぼくはうそつきです。ぼくが盗んだのです。」

それをみて王の一人メルヒオールはこう答えます。「おおご婦人、その黄金はとっておきなさい。わたしたちがお訪ねしようとしている聖なるみどり子は、わたしたちの黄金を必要とはなさいません。愛の上に、ただ愛の上にその御国をたてようとなさる方だからです。彼はわたしたちに新しい生命をもたらし、わたしたちの死を引き受け、彼の町に入る鍵は貧しい者の手にあるのです。」こう言って先を急ごうとする王たちでしたが、母親は呼びとめて、こういいます。「ああ、もし、お待ちください。どうかこの黄金をお持ち帰りください。わたしは生涯そのような王をお待ち申していたのです。もしも、こんなに貧しくなかったならば、わたしもその幼な子に贈り物をお捧げしたいのですが」。

アマールはそれを聞いてこう言います。「でも母さん、どうかぼくのこの松葉杖を捧げさせてください。」「しかし、お前、それは駄目だよ！」という母親や、周りの人々の言葉をもふりきって、彼は自分で作った松葉杖を持ち上げようとします。部屋の中には一瞬沈黙が支配します。少年は王たちの方に向かって一足歩みだし、そして、松葉杖なしに歩けたことに気がつきます。アマールはつぶやくように言います。「歩ける、母さん、ぼく、歩ける、母さん！」皆な口々にいいます。「歩いている。」

王たちは言います。「これこそ聖なる御子のしるし、わたしたちは新しくお生まれになった王をほめたたえなくてはなりません。」人々の祝福をうけたアマールは、三人の王たちと一緒に幼な子を拝するために旅に出たいといいます。

わたしたちはここでイエス・キリストの誕生を祝うクリスマスが、同時にアマールが全く新しく生まれ変わる時であったことを見ることができます。アマールだけでなく、その母親も、そしてあの三人の王にとってもまた生まれ変わる時となりました。アマールは自分にとって一番大切なものを主に捧げました。母親もまた「生涯そのような王をお待ちしていた」と叫んでいます。しかしそのように彼らを支配した大きな喜び、その中心、その根源には、ほかでもない、あの飼い葉おけに横たわっている乳飲み子がおられるのです。私たちに与えられたクリスマスの徴《しるし》、つまり乳飲み子のしるしとはいったい何でしょうか。

私はこう理解するのですが、それはまったく無防備な姿、誰に対してもガードしない自由な姿ということではないでしょうか。そうしますと、イエス様は強さだけではなく、弱さをも身にまとって、私たちのところに来てくださったということを忘れてはならないと思います。無防備な、ノーガードのか弱い赤ちゃんとしてお生まれになったイエス様、苦しみをお受けになるイエス様、十字架で死なれたイエス様、むしろまさにこのような弱さをまとったイエス様にこそ、罪を赦し、私たちをあるがままの姿で愛してくださる神様の限りない愛、救いの恵みがあったのです。

私たちはひょっとしたら強いイエス様だけを求めていないでしょうか。しかし、私たちにほんとうに必要なものは、イエス様の弱さの中に隠されているかもしれません。罪を裁くのではなく、罪を負ってくださるイエス様。痛みも苦しみも知らない方ではなく、痛みも苦し

み も 知り尽くしたイエス様。そのような中にこそ私たちが本当に求めるべきもの、必要としているものがあるのではないでしょうか。いまどんな弱さの中にある人にとっても、どんな貧しさの中にある人にとっても、どんな負い目を負って悲しんでいる人にとっても、イエス様はすべての人の弱さを身にまとって生まれてくださいました。クリスマスは神様が御子を与えてくださった日です。すべての人に本当の喜びが与えられたこよい、神様に心から感謝したいと思います。

〈お祈り〉 イエス・キリストの父なる神様。あなたは御子イエスを、この偽りと罪にまみれたわたしたちの歴史のただ中にお遣わしくださいました。暗さに閉じこもり、不安におののいております私たちが、どうかあなたの大きな贈り物に対して、わたしたちの一番大切なものをささげて、何ものにも代えられない大きな喜びに包まれ、みたされますように。どうかあなたのこの愛が、まだそれに気づいていない多くの人々に伝えられ、悲しみと絶望しかないかのように思われるこの世界に本当の平和と喜びと賛美の思いが満ち溢れますように、わたしたちをどうかお用いください。飼い葉おけの御子、主イエス・キリストの恵み、父なる神の愛、聖霊の親しき交わりがあなたがた一同の上に豊かにあるように。

（２０１６年12月24日、クリスマスイヴ燭火礼拝）

人間に従うより、神に

使徒言行録5章19―32節

使徒言行録には「証し」あるいは「証人」という言葉が多く使われています。使徒言行録はペトロ、パウロをはじめとする使徒たちの証しの道のりを記したものだからです。本日はその使徒言行録に触れることによって、証しとは何かを考えていきたいと思います。

今日の聖書箇所は、大祭司たちによって牢屋に入れられたペトロたちが天使の力を借りて脱出するという話で始まります。「行って神殿の境内に立ち、この命の言葉を残らず民衆に告げなさい」（5章20節）と天使に命じられたペトロたちは、またもや神殿で教え始めます。天使が語った「この命の言葉」が何であるかは最高法院に引き出され尋問に答えるペトロの言葉によって明らかになります。「わたしたちの先祖の神は、あなたがたが木につけて殺したイエスを復活させられました」（30節）。

ここで、証しをする対象、つまり復活という出来事は必ずしも論理的に説明できるものではありません。しかも、その名によって教えてはならないと命じられていたことを公然と証しするわけですから、使徒たちのように迫害を受け、場合によっては死ぬかもしれなかったのです。そのようなぎりぎりの状況の中でペトロが発した言葉が29節に記されています。「人間に従うよりも、神に従わなくてはなりません」。イエスを知らないとは絶対に言わないと約束しながら三度知らないと言ったあの同じペトロとは思えないような自信に満ちた力強さがそこには感じられます。

使徒言行録5章29節のこの言葉は、その後も教会の歴史の中で、特に大切な金言として様々に用いられてきました。アウグスティヌスなど古代の神学者たちはキリスト教が異邦人からの迫害に屈しないように励ましの言葉としてこの言葉を用いました。宗教改革の時、マルティン・ルターはこの言葉を当時の教会に対する批判として語りました。第二次世界大戦の時、ナチスの危険性を見抜き、ヒトラーに従うのではなく、神のみを真に神とすることを告白した告白教会も、そして私たちは２０１０年の宗教改革記念日に東ドイツ時代に神学校に学ばれたイングリート・ハーメル牧師を私たちの教会にお迎えすることができましたが、東ドイツ時代のキリスト者も非常な圧迫と危機の中でやはり、この使徒言行録の言葉を大切にしたのでした。「人間に従うよりも、神に従わなくてはならない」という言葉は、鋭くそれぞれの時代の問題性を見抜き、信仰を支え、そして時代を変革してきました。そこにはこの世の法則と神様の法則との鋭い緊張関係があります。

大祭司を含めてこの世を力で支配するものは人間の人間性を抑圧します。しかし、ペトロたち使徒は抑圧された者、いと小さく、弱くされたものの中にも神の恵みがもたらされることを告げ、真に自分の足で立つことのできる一人の自立した人間としての価値を呼び覚まそうとします。「人間に従うよりも、神に従わなくてはならない」という言葉は、自分はこの世でこの命を持って戦い続けるということの表明です。神様と共にそれをなすという決意ではないかと思います。

この言葉はキリスト教の歴史の中でも何度も間違って使われてきました。中世のローマ法王は自分の権威に服従させるためにこの言葉を利用しました。私たちがこの言葉を用いる際に戒めなければならないのは、二つあるように思います。まずこの言葉は自分を正当化するためにあるのではないということ、また、目の前にいる具体的な人間を軽んじるものではないということです。このような点を忘れなければ、この言葉は現代に生きる私たちの全生活に大きな慰めと決意とを与えてくれるはずです。

私たちは日常の生活の中で神様に従いたいと思いながらも、一体、どれほどの証しができるだろうかと考えてしまいます。日本におけるクリスチャンはまだまだ少数派ですから、家庭であれ職場であれ学校であれ、誰もがそのような環境に置かれていると言えるでしょう。

しかし私たちはそのために特別、敬虔を装ったり、宗教的な態度を示したりする必要はありません。何か自分の生活に取って付けたような証しではなく、困った時にだけ引き合いに出される神様ではなく、もっと、私たちの生活の中心で語られる証しであり、語ってくださる神様であるはずです。「クリスチャンらしさ」という固定されたイメージにとらわれることは時として宣教の妨げになってしまいます。もっと新しいクリスチャン像を創って行くために、神様によって与えられ、約束された自由を大胆に行使すべきではないでしょうか。

ところで、「証人」を意味するギリシャ語マルトゥスは後世、イエス様の生涯と復活に対する信仰に自分の命を賭けた殉教、殉教者と言う意味にも用いられるようになりました。キリスト教の最初の殉教者はこのあと使徒言行録の7章に記されておりますステファノです。ステファノの殉教記念日は12月26日です。

カトリック長崎大司教区では、キリシタン弾圧で殉教した12歳から64歳までの信徒を追悼する行事として、毎年殉教者記念祭を開いています。毎年2月5日が殉教者の記念日とされています。当然ながらかつて日本において思想信条の自由が保障されない時代があったわけですが、明治元年に「浦上四番崩れ《うらかみよばんくず》」と呼ばれる迫害がありました。時の政府は、浦上の全住民三千四百六十名を逮捕し、鹿児島、広島、名古屋など二十の地方に流罪としました。信徒たちは五年間、苦難の生活を強いられたといいます。禁教令のもとに、キリスト教は国の利益に背く宗教とされたのです。
そのうち逮捕されたうちの百五十三名が、現在の島根県の津和野駅西方、乙女峠の廃寺に収容され、信仰を捨てるようにと拷問を受け、三十六名の殉教者を出しました。それ以前、信長の時代にも、宗教弾圧がありました。しかし貧しい領民が領主にではなく、神に従う生き方を表明するようになっていきます。内面の自由は誰も侵すことができないのです。その根底には今日の聖句、「ペトロと使徒たちは答えた『人間に従うよりも、神に従わなくてはなりません』」と言う立場があったでありましょう。浦上のキリシタンは「信教の自由」を明治政府に命懸けで主張をした人々です。

実はこのことは諸外国の激しい非難を受けることとなりました。欧米へ赴いた遣欧使節団一行がキリシタン弾圧が条約改正の障害となっていることに驚き、本国に打電したことから、1873年（明治6年）にキリシタン禁制は廃止され、1614年以来二百五十九年ぶりに日本でキリスト教信仰が公認されることになったわけです。浦上四番崩れは、幕藩体制が崩れて、国家としての体制を整えていた明治政府にとって大きな教訓となりました。個人が「自由であること」が人間の権利であり、恵みであることがわかったからです。日本の社会も、わたしたち日本人が「自由であること」は決して自明のことではないことを覚えたいと思います。

聖書が示す証しの真実、それは魔術的、超自然的な力ではありません。私たちを具体的な生活の現実に向き合わせ、それを超えさせ、証しさせるその真実の力を聖書は聖霊と呼びます。復活の主イエス・キリストが私たちに約束し、与えてくださった聖霊と共に私たちはそれぞれの生の中で、この事実の証人となるのです。ペンテコステにはじまった教会は今日にいたるまで発展を続けてきましたが、それは、何の努力も、労苦も、犠牲もなしにではありませんでした。ある歴史家が「殉教者の血が教会の種となった。」と言ったように、教会は、多くの人々の血と汗と涙によって建てあげられてきたのです。教会は、人間的などんな権威にもひざをかがめなかった信仰の証人たちによって、真理を保ち続けてきました。ペトロが真理に立ち、それを伝えることができたのは、「キリストが私の罪のために命を捨てられた。」という事実に生かされていたからでした。キリストの命がけの愛を知り、キリストをも命がけで愛したからでした。今日の招きの言葉、ヨハネによる福音書12章24節にこうありました。「はっきり言っておく。一粒の麦は、地に落ちて死ななければ、一粒のままである。だが、死ねば、多くの実を結ぶ」。キリストに結ばれているならば、信仰は決して無力ではない。それは種となって蒔かれ、やがて多くの実を結ぶようになるのです。

現代の日本では、目に見える迫害や殉教といったものはないかもしれませんが、しかし、オウム真理教などの事件を通して宗教はあやしいもの、危険なものというイメージが前面に出て、本当の信仰者に対する目に見えない圧迫や、神様のことばを語る人々を失望させ、真理を語る勇気を取り去って、霊的に葬り去ろうとする力も働いています。そのような中で、キリストのしもべとして立つことの困難さを感じます。しかし、主は、いつでも真理に立つものを守り、用いてくださいます。ですから、真理を求める者たちが励ましあって、キリストのしもべとして生き抜いていきたいものです。

〈お祈り〉父子御霊なる神様、今朝、私たちはペトロとほかの使徒たちとともに「人間に従うよりも、神に従わなければならない」とのみ言葉を聞きました。どうか、最初の弟子たちに与えられた聖霊をふたたび私たちの上に降し、あなたから与えられるみ言葉を語ることのできる者としてください。本日は、神学校日、伝道献身者奨励日である事をみまえに覚えておりますが、あなたがいつも、キリストの僕として私たちに献身を求めておられることを、心に刻ませてください。そして私たちを信仰によってひとつとし、主の死と復活をあかしする力を与え、あなたに自らをささげることができるよう導いてください。

（２０１８年10月7日、神学校日・伝道献身者奨励日礼拝）

すべての人が生かされ

コリントの信徒への手紙 一15章20―28節

ある聖書学者は、新約聖書は復活体験によって生まれた信仰の表現に尽きる、と言っています。その理解に立てば、新約聖書全体がイエス様の復活に関する証言であるといえるわけです。ところで主イエスの復活の証言と見なされるものには大きく分けて二つあります。ひとつは、原始キリスト教団の「宣教の使信」(専門用語でケリュグマ)として伝えられているもの、もう一つは、各福音書の巻末に書かれている「イエス復活の物語」です。

この分類からすると、今日のパウロのコリントの信徒への手紙は前者、つまり原始キリスト教団の「宣教の使信(ケリュグマ)」に属するものです。ここで復活のケリュグマというのは、原始教会が信仰の内容を定式化し、これを宣べ伝え、信者に字句通り覚えさせ、信仰の規範としたものでした。その中で復活伝承の最古のものとされるのが、コリントの信徒への手紙 一15章3節から5節とされています。

「最も大切なこととしてわたしがあなたがたに伝えたのは、わたしも受けたものです。すなわち、キリストが、聖書に書いてあるとおりわたしたちの罪のために死んだこと、葬られたこと、また、聖書に書いてあるとおり三日目に復活したこと、ケファに現れ、その後十二人に現れたことです。」これを受けてパウロはさらに復活をこう宣言します。「しかし、実際、キリストは死者の中から復活し、眠りについた人たちの初穂となられました」(20節)。パウロは死を「最後の敵」(26節)と言いましたが、最後の敵である死を滅ぼし、この死に対する勝利宣言こそが復活にほかなりません。私たちは神様の大きな「しかし」が、死の支配する世界の真っ只中に突入してきている、そのことを忘れてはなりません。

ただこの復活ということは、初代教会のキリスト者にとって自明であったわけではなく、少し前の12節をみますと、疑う人たちもいました。「キリストは死者の中から復活した、と宣べ伝えられているのに、あなたがたの中のある者が、使者の復活などない、と言っているのはどういうわけですか」。二千年前から今に至るまで、しかも教会の外だけではなく、教会の中においても復活の論争があったわけです。

わたしたちは復活について、パウロや弟子たちのように、確かにその体験をもっておりませんし、また知らずにおります。しかし、だからといって復活はない、と言い切れる確証も同時にないわけです。問題は死に打ち勝つ望み、私たちが虚無に打ち勝つ希望は、復活という仕方以外にはないということではないでしょうか。死に対する大きな打ち消しである「しかし」によらなければ、すべては無駄になってしまうということです。

クルト・マルティ（Kurt Marti,1921-2017）というスイス改革派の牧師で詩人・文筆家としても有名な人がおりました。彼が残した『葬儀式辞』（"Leichenreden," Nagel und Kimche Verlag, 1976）というタイトルの詩集があります。うまく訳せませんが、そのひとつはだいたい次のような内容です。

「あなたがたは、死者の復活とは何ですか、と尋ねます。私はそれが何か知りません。私が知っているのは、あなたがたが生きている者の復活について尋ねないことだけです。私が知っているのは、神が私たちに復活を、今日もそして今も告げていることだけです」。

パウロはこう述べています。「キリストが復活しなかったのなら、わたしたちの宣教は無駄であるし、あなたがたの信仰も無駄です」（14節）。

私たちが抽象的に復活を問うとき、わたしたちはその答えを得られないかもしれません。しかし私たちがあの十字架にかけられた方に出会い、復活の希望に生かされるとき、私たちの生活は違った、新しいものになってくるのではないでしょうか。22節には「キリストによってすべての人が生かされることになるのです。」とありますが、復活とは言い換えますと、たえずキリストと出会い、いつも結びついて新しく生きることであると思います。

今日の招詞にコリントの信徒への手紙 一15章54－55節を読みました。「この朽ちるべきものが朽ちないものを着、この死ぬべきものが死なないものを着るとき、次のように書かれている言葉が実現するのです。『死は勝利にのみ込まれた。死よ、お前の勝利はどこにあるのか。死よ、お前のとげはどこにあるのか』」。聖書は、死後の世界は人間には理解不能な領域であり、それは神様に委ね、現在与えられた生を懸命に生きるよう教えています。

矢内原忠雄は敗戦後間もない昭和23年に復活信仰についてこう書いています。

「かつてエゼキエルは敗戦の悲しみにある同胞に対して、『枯れた骨が生き返る』という復活の信仰を語りました（エゼキエル書37章11－12節）。今度の戦争によって、世界の至る所に、谷にも平野にも、海の底にも町にも、枯れた骨が散乱しました。これらの枯れた骨が生きた人として生き返るということは、驚くほど大きな言葉であります。科学はもちろん、これを否定するでしょう。しかし、科学の否定によって否定しきれない魅力が、この思想の中にあります。我々の愛する者の骨が白く戦場に散乱した時に、我々を慰めて、生きる力を与え、希望を与えてくれるものは、この信仰であります。……イエス・キリストによる復活の信仰、それだけがこの敗戦の焦土に立ち尽くす私どもに根本的な解決を与えてくれるのです」

（矢内原忠雄『人の復活と国の復活』昭和23年3月28日、内村鑑三先生記念講演より）。

パウロはコリントの信徒への手紙 一15章の終わりでこう述べます。「兄弟たち、動かされないようにしっかり立ち、主の業に常に励みなさい。主に結ばれているならば自分たちの苦労が決して無駄にならないことを、あなたがたは知っているはずです」(58節)。私たちの肉体は確かに朽ちるでありましょう。しかし、キリストを信じる者はよみがえりの希望に生きるものとされています。「われは身体のよみがえり、とこしえの生命を信ず」、使徒信条の一節です。ここに私たちの信仰がかかっています。「主に結ばれているならば自分たちの苦労が決して無駄にならない」と約束されていることを心に刻んでまいりましょう。

〈**お祈り**〉すべてにおいてすべてとなられる父よ、命が甦り、躍動する美しい季節を迎え、その中に活かされている幸いを感謝いたします。しかしそのなかにあっても、一切が滅びに向かって、絶えず進んでいることをもまた覚えます。虚無が最後に、決定的にわれわれを飲み込もうとするところで、復活の主イエス・キリストが立っておられ、迎えてくださることを、どうかいま感謝をもってうけいれることができますように。わたしたちの祈りと信仰を強めてください。敵意と争いの渦巻く世界にあって、すべてのこの世の権威や勢力を超えた神の国が打ち立てられますように。そのためにあなたのご計画である、新しい人、新しい世界の創造に、わたしたちもどうか参与させてください。

(2018年11月25日、収穫感謝・謝恩日夕礼拝)

言《ことば》は肉となって

ヨハネによる福音書1章14―18節

明けましておめでとうございます。クリスマスを終え、新しい年の最初の主日礼拝をご一緒にささげられますことを感謝いたします。今日、私たちに与えられました聖書箇所はヨハネによる福音書1章14から18節、ヨハネによる福音書の序文にあたります。

最初にヨハネはこう語りはじめます。「言は神であった」（1章1節）。そして、14節には「言は肉となって、わたしたちの間に宿られた」とあります。この言とは、天地創造以来、天にあって神と共にあった「お方」であります。端的に「言は神であった」とも書いてあります。その「神の言」あるいは「言なる神」が、今、驚くべきことに私たちと同じ肉体を取って人間となって私たちの世界に来られたというのです。当時のギリシア世界では、もちろんユダヤ・ヘブライ世界でもそうですが、そういうお方は決して滅ぶべき肉体をとらないと考えられていました。しかしヨハネによる福音書は、それを意識しながら、あえてそれに挑戦するかのようにこう記したのです。「言は肉となって、わたしたちの間に宿られた」。

それは永遠なるお方が時間の中に入ってこられたということです。また、それはどんな場所にも限定されないお方が、あえてある場所にたどり着いたということ、ある空間に入ってこられたということです。それにしても神様はなぜあえてそのようなことをなさったのでしょうか。これは神様の中で、何か大きな決意が起こったのであろうと思わざるを得ません。16節にこう記されています。「わたしたちは皆、この方の満ちあふれる豊かさの中から、恵みの上に、更に恵みを受けた」。神様はそのように恵みに満ちあふれたお方であるから、それがご自分の外にあふれ出てきた。恵みが神様ご自身の中にとどまらず、私たちの世界にまで到達した、そういう出来事であったのです。その神様の決意とは、別の言い方をすると限界のない愛の決意でした。

二十世紀のキリスト教神学に大きな影響を与えたスイスの神学者にカール・バルトという方がおられました。１９６8年に召されたのですが、ほぼ百年前の１９１9年『ローマ書』という書物をあらわし、そこで「神の言葉の神学」と呼ばれる新しい方向を打ち出しました。それは神様の絶対的な超越性とその主権を強調し、これまでの楽観主義的な人間観を一掃するものでした。同時に人間の罪を直視し、神と人間との断絶を強調するものとなりました。したがって人間にとって真の自由は、この絶対的・超越的な神の自由な恩恵、それは神の言であるイエス・キリストの業を通して示されますが、その神の恩恵に与かることによってのみ得られるという人間の救いの道を示すものとなりました。

このバルトの晩年の助手をなさった人でエーバーハルト・ブッシュという方がおります。晩年のバルトを身近に知っている数少ないこの人によれば、バルトの主著のキーワードはヨハネによる福音書1章14－18節のなかに見出すことが出来ると言っています。

私たちの間に肉となって宿られたそのお方は、神様の愛、和解と平和のしるしでありました。この愛のゆえに「わたしたちの間に宿られた」神の言は、ベツレヘムの飼い葉桶にお生まれになった後どうなったかというと、あのゴルゴタの十字架への道行きを辿られました。そしてついにあの「なぜ」という絶叫をもって最期を遂げられたのです。この福音書の著者は14節で続けてたった二行で「わたしたちはその栄光を見た。それは父の独り子としての栄光であって、恵みと真理とに満ちていた」と証言しています。

その「栄光」とは十字架の道への従順の故に、神から与えられた復活の「栄光」に他なりません。「言」は自力で復活したのではありません。復活は「言」の従順の死に与えられた「栄光」であり、人間による否定を否定する神様の大いなる肯定、大きなしかり、イエスでありました。しかもその「言」は今も「光」として「暗闇の中で輝いている」のです。

２０１９年12月4日、長年アフガニスタンで働きを続けてきた医師、中村哲さんが何者かに銃撃を受け非業の死を遂げました。中村哲さんは1984年に日本キリスト教海外医療協力会（JOCS）から、パキスタン・アフガニスタン国境の町ペシャワールの「クリスチャン・ホスピタル」にハンセン病治療のために派遣された医師でした。しかし今必要なことは病気の原因である飢餓と不衛生な水の問題を解決することだと思い、まず井戸を掘って衛生的な水を供給し、次に水路建設を行って砂漠を農地にすることを自らの使命とし、以来30年実行してきました。彼は一千を超える井戸を掘り、また15年間をかけてインダス川支流から水路を引き、かつて「死の谷」と呼ばれた砂漠が、今では緑の地に変っています。中村哲さんはクリスチャンでしたがイスラム圏の人たちの中で大きな信頼を得て、彼らのために命を賭けていたのです。

中村さんは西南学院中学在学中に日本バプテスト連盟・香住ヶ丘《かすみがおか》バプテスト教会でF・M・ホートン宣教師よりバプテスマ（浸礼）を受けました。日本YMCA（キリスト教青年会）同盟の神崎清一総主事によれば、中村さんは九州大学YMCAのメンバーで、学生YMCAから誕生した日本キリスト教海外医療協力会（JOCS）からのペシャワール赴任の打診を二つ返事で引き受けたといいます。そして、YMCAの仲間などによって中村さんの活動を支援するためペシャワール会が設立され、その事務局は最初、福岡YMCAでした。神崎総主事はこうも述べています。「学生時代から、多くの人と関わり、自分自身の弱さと向き合いながら社会の課題に気づき、行動をし続けてきた、大切なＹＭＣＡの先達のお一人です。いま、そのバトンを受け継いだ『私たちのこの時』を多くの方と共有し、平和とは何か、地球市民としての私たちの役割は何か、あらためてともに考えることができればと思います」。

中村哲さんの葬儀は昨年12月11日故郷の斎場で執り行われました。日本バプテスト連盟が10日、追悼文を寄せています。「私たちは今、その大きな星を失った悲しみに打ちのめされています。しかしながら、イエス・キリストの十字架が人間の罪の暗闇に呑み込まれて終わることなく、復活の命の出来事に変えられて世界中の人々に希望を与えていったように、中村哲さんがご自身の存在すべてを賭けて取り組まれた尊い働きは、平和の源である神のもとで必ずや人々の心を照らし続ける希望に変えられ受け継がれていくことを信じるものです」。

ヨハネによる福音書1章9節には「その光は、まことの光で、世に来てすべての人を照らすのである。」とありました。「肉となった言」は私たちをただ照らすだけではありません。驚くべきことに「光の子」（12章36節）とするべく私たちを招いています。言葉が出来事となった、つまり神様が人となられたわけですが、いうまでもなく肉体は限界をもつもの、不完全なもの、弱いものです。しかしこの過ぎ行く世に神様が来られた、そのことによって私たちが救われる道が開けたとヨハネは語ります。ヨハネの語る救いとは、肉体と精神を持った一個の人間としての私たちが、神様によって受入れられ、使命を与えられて、生きることを許されることであります。今年もまた私たちの力によってではなく、神様によって始められた信仰の道を感謝を持って歩み続けたいと思います。

〈**お祈り**〉愛する独り子をなお暗きこの世に遣わし給う御神、クリスマスをお祝いし新しい年を迎えた最初の主日、主イエスが私たちにご自身の光を与えられるために来られたことを、いま新たな思いで受け止めることができました。深く感謝いたします。世界はなお暗く、いたるところ争いと憎しみの連鎖が続き、中村医師のような方が命を奪われるような深い闇が覆っています。しかし、御子の到来と共にすでに夜が明け始めていることを確信し、ご自身を十字架の死に至るまで無にして、私たちと同じ姿を取られたキリストに従ってゆくことができますよう、私たちを導いてください。いまこのとき、病や苦しみ、重荷や苦悩の中にある兄弟姉妹を顧みてどうかあなたご自身がすみやかに臨んでくださり、御導きと御支えとをお願い致します。

（2020年1月5日、新年礼拝）

勝ち得て餘《あまり》あり

ローマの信徒への手紙8章37節

山岡家の皆様、本日私たちは、主にある敬愛する山岡善郎先生を神様の御許にお送りすべくこの場に集っております。山岡先生は敦子さんとご一緒に、田園都筑教会の群れを覚えて、2004年以来、ともに礼拝を守られ、折々に説教のご奉仕を頂き、お導きとお交わりを頂いてまいりました。その意味でこの会堂は山岡先生にとって、田園江田教会とともに召されるまでつながってこられた神様の家でありつづけたと思います。

山岡先生は1925年11月29日、大阪北区にご次男として生を受けました。ご実家が農機具の製造業をなさっていたことがのちに京都大学農林生物学科に進まれた動機となったそうであります。しかしこれはつらいご体験なのですが、4歳のころ階段から落ちて右足大腿骨を骨折、思いがけなく不自由な身となり、以来小学校、大阪府立生野中学時代とゆえなき差別やいじめを体験されたのでした。「そのことを家に帰って母に言ったら、母の目からポロポロと涙が落ちたのを思い出す」とお書きになっておられます。また「この様な体験が、後になって私のキリスト教への入信とかかわりがあるように思う」とも回想しておられます。それでも、中学4年生のとき弓道部に入部されると、練習に励まれ大阪府中学校で一位の成績となり優勝するなど、驚くべき力を発揮されています。

日本が太平洋戦争に突入し最初の勝利に酔いしれるなか、大学進学を果たすべく神奈川県の日本大学農学部予科に入学するのですが、やがて戦争末期の勤労動員の体験や空襲の生死の境をたどる混乱のなか、ついに逃げるようにして大津の駅に着いた時、終戦の詔勅を聞いたのでありました。

それまでの価値観が崩壊するなか、生きるべき道を求めていた山岡青年は、たまたま自宅の二階から丘の方にキリスト教の教会があるのをみて勇気を出して、その教会の門をくぐりました。そこで喜んで迎えてくださったのが船本坂男牧師夫妻でした。ここに不思議なことに「彷徨《ほうこう》から信仰」へと至る道が開けたのでした。京都大学に進まれ、大学一年生の夏、さそわれて参加したキャンプファイヤーにおいて、「もし神様がおられるのでしたら、この私を救ってください」と、仮定法のお祈りをなさったというのですが、そのお祈りが切っ掛けとなり、ためらいを乗り越え、その秋に大阪城北教会において、船本坂男牧師より洗礼を受けるに至りました。

その後船本牧師の伝道意欲と活躍に押されて「伝道者になりたい」と申し出たところ「信徒としての働きも大事ですよ」と一旦はとどめられたといいます。しかし京都大学大学院三年の冬、聖書を読んでいると「イエス言ひたまふ『手を鋤《すき》につけてのち、後《うしろ》を顧みる者は、神の国に適ふ者にあらず』」（ルカ伝9章62節・文語訳）。この言葉に接し、ついに再び伝道者になりたいと申し出たところ、船本先生は、今度は「生涯かけて一人を導くつもりで」と励ましてくださったといいます。

しかし、関西学院神学部に合格したものの、あまりにも理系の学問と違うので、神学部に来たことを失敗したと思われたようです。ところが、文学部のチャペルにおける片山正直教授のお話で〝戦艦大和〟がまさに沈没せんとする時、ある将校が手記に書き記した言葉「人生において、大切なものは『真実』ということである」を聞いて、「そうだ、かつて決心したとおり〝真実〟に歩んできた。これでいいのだ。私はその時、迷う事がふっきれた思い」をなさったのでした。

大学院の一年生になられ、派遣される教会が塚口教会に決まった頃、後にご伴侶となる大橋敦子さんが大阪城北教会に来始め、やはり船本牧師から受洗、キリスト者になられました。やがて結婚のご意志が固まり1957年3月24日、お二人は大阪城北教会で結婚式を挙げます。同じ年に、日本基督教団の補教師となり、塚口教会の伝道師として迎えられ、伝道者としての一歩を踏み出されます。

牧会者としての道を歩みだされたそのあとのくだりを、２０１２年出版された『希望のみなもと ―― わたしを支えた聖書のことば』（船本弘毅著、燦葉出版社）でこう書いておられます。「昭和32年4月より私は日本基督教団教師となり、塚口教会（この間英国に行き、二年間清教徒運動を学ぶ。帰国して）、浜寺教会、関西学院教会、畦野教会に計46年間仕えたが、78歳となって体力に限界も覚え、２００４年4月より隠退牧師となった。そして三人の子供と配偶者、七人の孫達が近くに住む横浜に転居、妻と共に田園都筑教会に出席して礼拝を守っている」。

先ほどお読みしたローマの信徒への手紙は、山岡先生が京都大学1年生の夏、参加したキャンプファイヤーにおいて非常に感銘を受け受洗に至った箇所でした。とくに文語訳聖書8章37節のおわりは「勝ち得て餘《あまり》あり」となっており、今の新共同訳の「輝かしい勝利を収めています」より強力だともコメントしておられます。そして、山岡先生の本領はその聖句を伝道者へと召されたのちもさらに問い続けたことにありました。つまり、パウロが述べる「その勝ち得て余りがある」というその勝利とは神様の愛であり、ほかでもないキリストの愛の勝利なのですが、それは本当なのかと問い続けたところに、山岡先生の一途な求道者としての本質があったように思います。

実はこの聖句と出会ってまもなく、受洗後一年目にご家族のなかにある不和が生じ、山岡先生はその和解と平和のために船本牧師の指導のもとに、ご自身駆り立てられるように聖書を熱心に読み、お祈りなさったそうです。やがてお母さまがお悩みのすえ信仰に至り、そのことから兄の受洗、父の受洗と導かれて行ったといいます。山岡先生はその背後にある「聖書の和解の福音」の証人としてご自分の生涯の道をそこへと進めて行くことを決心なさり、28歳のとき関西学院大学神学部3年生に編入されます。この時、おそらく「勝ち得て余りある」とはご自分の勝利ではなく、神様の勝利であり、またその余りにこそ、神様の栄光が輝いていることを確信なさったのではないでしょうか。後に山岡先生は「思えば罪のみ多き小さな器に、勝ち得て餘ある人生を与え給うた主の恵みに感謝あるのみである。」と書いておられます。

山岡先生ご夫妻は昨年2月の北部病院ご入院を機に、6月30日の退院後は、「ライフコミューン市が尾」という医療機関のあるホームに転居なさいました。その頃から礼拝出席が困難になられましたが、それまでは私たちの小さな会堂で、時にうしろに、時に前のほうにお座りになって、まさに荒れ野を旅するイスラエルを導いた雲の柱、火の柱のように、神様を仰ぎつつ私たちの群れを見守ってくださっておられました。

6年位前だったでしょうか、最初の入院手術の折、敦子さんがメールで次のようにお伝えくださったことを想いおこしました。「何事も神様のご計画の内と受け止め、すべてお任せしていますが、先の聖日に『先生、お祈りしていてくださいね』とお願いしてくるのを忘れてしまっていましたので、今頃メールさせていただく次第です。勝手な時の勝手なお願いで恐縮ですが、どうぞよろしくお願い申しあげます。一番気になる主人のことも、子供達が手分けして面倒をみてくれますので感謝しています」。そのお祈りがかなったというべきでしょうか、ご家族に見守られるなか、やすらかに天に召されました。ヘブライ人への手紙の著者は、最後によいもの、すなわち神様が私たちを「死者の中から引き上げてくださる」という希望を語っています。そして「御心を行うために、すべての良いものをあなたがたに備えてくださるように」と祈りを捧げています。

私たちは山岡善郎先生の九四年七か月の生涯を通して本当にたくさんの良いもの、うつくしいもの、すばらしいものを味わわせていただきました。天上においてよいもの、それは永遠の命でありましょうが、それを用意してくださる神様は、この地上においてわたしたちにこれからもその時々のよいものを用意してくださいます。私たちもまたこのような天と地における神様の備えに一切を委ねて、希望にみちて地上における最善の歩みをしてまいりたいと思います。召された山岡先生の魂の平安と、残された皆様の上に、神様のより豊かな祝福と平安があることを心からお祈りいたします。

（2020年7月16日、山岡善郎先生葬儀）

主の受洗と私たちの祝福

マルコによる福音書1章9―11節

先週1月6日は古くからの祭日、公現日でした。公現とは、主の栄光がユダヤ人だけでなく公に全世界に示されたという意味ですが、この公現日のもうひとつの重要なテーマは「主の洗礼」であります。私たちキリスト者にとってもバプテスマは出発点です。主イエスはバプテスマを受けられて、宣教活動を開始されました。マルコによる福音書の1章9節には「そのころ、イエスはガリラヤのナザレから来て」とあり、ここでイエス様が初めて公の舞台に登場されます。「そのころ」とは、バプテスマのヨハネがヨルダン川渓谷に現れ、「メシアが来られる。最後の審判の時が迫っている。罪を悔い改めよ」と説き、そのしるしとしてバプテスマを授け始めた時です。

マルコはバプテスマのヨハネとイザヤの言葉を結び付けて、イザヤの預言が成就するかたちでイエス様がヨルダン川でバプテスマをお受けになったことを記します。それはヨハネの面前でヨルダン川に全身を沈める、いわゆる浸礼《しんれい》によるものでした。そのあたりを考慮してか、岩波版新約聖書では「ヨハネからヨルダン〔河〕の中で浸礼《バプテスマ》を受けた」とありました。その際マルコは10節で聖霊が降ってきた様子を描きますが、「水の中から上がるとすぐ」と書いていています。実は「すぐ」とか「ただちに」という言葉は、マルコが好んで用いる表現です。バプテスマをお受けになるイエス様の行為に対して、御霊を注ぐという神様の行為が「ただちに」対応しているのがわかります。

またマルコは「天が裂けて」という独特の描き方をします。マルコはおそらくそこに新しい時代の開始、終末の時の開幕を告げるしるしを見たのでしょう。実はここにも預言者イザヤとのつながりが見られます。かつてイザヤは「天を裂いて」という同じ表現を用いてこういう祈りをささげています。63章19節です。「あなたの統治を受けられなくなってから／あなたの御名で呼ばれない者となってから／わたしたちは久しい時を過ごしています。どうか、天を裂いて降ってください。御前に山々が揺れ動くように。」預言者によって望まれた聖霊も、イエス様がこられる前数百年間はイスラエルに響くこともなくなっていたのだと思います。人びとの魂は、閉ざされた天の下で、渇き、呻き、沈んでいました。

こうして、ついにイザヤの預言が主イエスにおいて成就したことをマルコはみたのです。すなわち神様の霊が、まさに「天が裂けて」御子イエスに降るという形で実現したのです。

ですからマルコは11節でこう続けています。「すると、『あなたはわたしの愛する子、わたしの心に適う者』という声が、天から聞こえた。」このときイエス様はすべての人間を代表して洗礼をお受けになりました。それによってすべての人間が「神の子」なのだということを保証されたのです。主イエスの十字架の贖いと和解が全人類のためであったのと同じように、イエス様の受洗も全人類のためでありました。洗礼は信仰生活の扉と言えます。ヨーロッパの伝統的な教会堂を訪れますと、洗礼盤は象徴的に教会の扉近くに設置されております。そして洗礼盤のところを通ってまっすぐに進んでいけば正面中央の聖餐卓にたどり着きます。このように、洗礼盤から聖餐卓へと至る動線は礼拝者の信仰生活を表しており、またその歩みを導くものとして御言葉が説教壇から語られます。

ところで主イエス・キリストが洗礼をお受けになった時、どの福音書も〝霊〟ないし聖霊が「鳩のように」降って来たことを記しています。新約聖書の辞典で「鳩」（ペリステラ）の項目を調べますと、実にいろいろなことが示されています。古代オリエントでは、鳩は「神の鳥」・「霊鳥」であったそうです。最高神ゼウスを鳩で表現したコインがクレタ島で出土しました。また、鳩は神々に捧げる犠牲用の鳥だからという理由で食用を禁じられたそうです。

それにユダヤ人哲学者フィロンは、鳩を「理性」や「知恵」の象徴として重んじたとあり、古代から鳩は特別な鳥であったことがわかります。旧約聖書では、招きの言葉でも一部読みましたが、鳩は「ノアの箱舟」の物語（創世記8章8節以下）で大切な役割を果たしております。また律法によれば、鳩は「いけにえ」として献げられる唯一の鳥でした。

新約聖書になると、今日のテキストの他に二つの重要な関連箇所が出てまいります。両親が幼子イエスを主に献げるとき、「山鳩一つがいか、家鳩の雛二羽をいけにえとして献げる」（ルカによる福音書2章24節）という掟に従っています。キッテル（Gerhard Kittel, 1888-1948）という新約学者は、これを次のように説明しています。――「鳩をいけにえとして献げるのは、燔祭《はんさい》（焼き尽くす献げ物）のための小羊を準備することができない貧しい人々のための救済措置で、このことは、主イエスが生まれつき低所得層に属していたことを示している。」

このように考えてくると、イエス様が洗礼を受けたとき聖霊が「鳩のように」降って来たという福音書の記述には大切な意味があると思えてまいります。それはイエス様が馬小屋にお生まれになった「尊い貧しさ」であり、十字架の死に至るまで神様に従った、その「単純な素直さ」であります。こうして鳩はある意味でイエス様の全生涯を象徴的に示唆しているということができます。

先ほども少し触れましたが、改めて「ノアの箱舟」の物語を想い起してみたいと思います。全世界が水の底に沈み、生物はことごとく死に絶え百五十日が過ぎた時、水が引き始め、箱舟はついにアララト山の上に止まります。するとノアは箱舟の窓を開いて鳥を放ち、次いでいました。しかし、それらはまだ降りる場所が見つからないので帰ってきてしまいます。しかし「さらに七日待って、彼は再び鳩を箱舟から放した。鳩は夕方になってノアのもとに帰って来た。見よ、鳩はくちばしにオリーブの葉をくわえていた。ノアは水が地上から引いたことを知った」（創世記8章10－11節）。

現代世界はコロナ・パンデミックの脅威にさらされ、政治・経済・民族間の紛争もやむことなく、さらには気候変動の危機に直面しています。現代世界はさながら古《いにしえ》の洪水物語の前夜のような様相といえるのかもしれません。その意味でノアのハトは、いまもなお地球の大地の上を飛びながら、平和や人間の尊厳と自由とが存在する場所を探し求めるメッセンジャーなのだと思います。

「天が裂けて〝霊〟が鳩のように御自分に降って来るのを、御覧になった」。聖霊が鳩のように主イエスに降ったということ、これはイエス様が人類にとって希望の源であることを聖霊が明らかにしてくださった、ということであります。そして、同時にその聖霊が私たちに働いてこの希望の証人として立て、生かしてくださるということでもあります。

昨年の暮れにドイツの教会のニュースを見ていましたら、宗教改革者のマルティン・ルターに関する最新の研究が報告されていました。ルターの手紙が二通発見され、そこからルターは1521年12月18日、新約聖書をギリシア語からドイツ語に翻訳し始めたということが判明したそうです。ルターはこの段階ですでにローマ教会から破門され、いつ火刑に処せられるか分からず、騎士ヨルクを名乗るかたちで領主によって密かにヴァルトブルク城にかくまわれていたのですが、その最も困難な状況において聖書を原典からドイツ語に翻訳するという歴史的偉業に着手したのでした。今となってはよく知られていることですが、ルターはわずか73日、つまり11週間足らずで新約聖書の翻訳を完了します。そして1522年9月21日、最初のルター訳聖書である『新約聖書』（通称『九月聖書』）が出版されたのです。今年はその出版五百年祭を迎えることになります。

マルティン・ルターというひとは、しばしば試練を経験したと言われます。ルターはそれが悪魔から来るとも言いましたが、時には神ご自身が自分を攻撃しているのではとさえ感じたようです。そんなときルターは、キリストにしがみつくしかなかったといいます。そしてルターは試練が襲ってきたとき、彼は自分の机の上に白墨で書いたと言うのです。「自分は洗礼を受けている」と。またルターは「死は洗礼を完成する」とも書いています。おそらくそれは、洗礼は死から命への生まれ変わりであって、死の向こう側に甦りの主がおいでになることを信じているからこその発言ではないかと思います。

私たちの内なる復活の主の足跡は、洗礼といってもよいでしょう。そしてバプテスマを受けた私たちも神様からの祝福、つまり「あなたはわたしの愛する子、わたしの心に適う者」

（マルコによる福音書1章11節）という祝福をいただいたものです。「私はあなたと共にいる（インマヌエル）」という約束こそが神様からの祝福にほかなりません。この祝福をいただいて、私たちは自分の重荷、そして自分自身と他者の十字架を負うことができるものとされます。この洗礼は神様が一度限りの始まりとして私たちの生涯に与えてくださったお恵みであります。今年もまた私たちの力によってではなく、神様によって始められた信仰の道を、感謝を持って歩み続けたいと思います。

〈お祈り〉私たちの主イエス・キリストのまことの御父、この年もまた、主の洗礼のお恵みにあずかっているものとしてキリストに結ばれて、与えられた時と日々を、神様にささげて生きることができますように。教会の頭なる主よ、どうかこの教会の歩みを顧みてくださ い。この地においてまた地の果てまでもあなたの福音を証ししてゆく教会として成長できますよう導いてください。どうかあなたの御霊によって、いま様々な困難や苦しみを覚えている人たちにあなたの慰めとお力が、暗きにある人たちには光が、争いのあるところに平和と赦しが与えられますよう、お願いいたします。

（2022年1月9日、公現日記念礼拝）

平和を保ち、主を畏れ

使徒言行録9章26—31節

今年の平和聖日を迎えております。8月6日は広島に原爆が投下されて七十六年目となる記念日です。9日は長崎の原爆記念日、15日には敗戦の日を迎えます。敗戦にいたる8月の一連の出来事の前に、6月23日の沖縄「慰霊の日」があります。いずれにしてもそれぞれの記念日が、戦没者を追悼するとともに、あやまちを繰り返さないために、過去のあやまちから繰り返し学ぶためにあることは明らかです。現代世界に目を転じて見るとき、そこには互いに対立し、反目し、争い、さらには殺し合っている悲惨な世界が広がっています。私たちの身近なところにも、誹謗中傷、差別や偏見、人と人とが共に生きられない現実があります。私たちはそういう現実から目を背けてはならず、神様に赦しを請い、罪を赦していただかなくてはなりません。そして同時に私たちは、この絶望的に見える世界をなお導いてくださる神様のご計画に目を向け、平和を祈り求め続ける必要があります。

今日お読みした使徒言行録9章はサウロ（パウロ）とエルサレム教会の人々との出会いを描いております。それはエルサレムに誕生したばかりの初代教会の姿なのですが、かつての敵対者サウロを教会が受け入れるという出来事が大きな転機となったことが書かれております。そこから私たちは、本日の平和聖日のメッセージとして、神様の御心はどこまでも報復ではなく赦しと和解であって、キリストにある平和の実現にあることを受け取りたいと思います。

まず26節にはこうあります。「サウロはエルサレムに着き、弟子の仲間に加わろうとしたが、皆は彼を弟子だとは信じないで恐れた」。サウロという人はキリスト者となる前、キリスト教会への熱心な迫害者として知られていました。「サウロは家から家へと押し入って教会を荒らし、男女を問わず引き出して牢に送っていた」（使徒言行録8章3節）。ところがやがてサウロの人生の上に驚くべきことが起こります。旅の途中でサウロは天からの光に出会い、自分に語りかける復活の主イエスの声を聞きます。やがて、彼はダマスコの町で、主イエスのお導きでアナニアと出会うのです。サウロはアナニアに祈ってもらうと見えなくなっていた目が開かれ洗礼を受けます。キリストを受け入れ回心してクリスチャンとなったのです。こうしてサウロは同じ信仰を持つもの同士としてこのエルサレム教会の人々と交わりを持とうといたします。それが今日の使徒言行録9章なのです。

ところがこのサウロの訪問が波乱を巻き起こしたのでした。ついこの前までステファノを処刑し、教会を迫害していた中心人物が目の前に現れました。中には身内や親しい友人をサウロに処刑されたクリスチャンもいたはずです。恨《うら》み、憎《にく》んでいたとしても不思議ではありません。ですからあのサウロが突然登場して、自分も洗礼を受けてクリスチャンになりましたと申し出てきても、彼らはにわかに信じることができません。

ところがパウロはやがて人々から仲間として受け入れられるようになります。教会のメンバーはどうしてサウロを受け入れることができたのでしょうか。その第一の理由はバルナバという人物の仲介にありました。27節にこうあります。「しかしバルナバは、サウロを連れて使徒たちのところへ案内し、サウロが旅の途中で主に出会い、主に語りかけられ、ダマスコでイエスの名によって大胆に宣教した次第を説明した」(27節)。大きな信頼を寄せられていたバルナバがまずサウロを受け入れ、他の使徒たちに紹介したのです。このバルナバがいなかったら後の大伝道者パウロは生まれず、その後の教会の歴史は大きく変わってしまっていたはずです。

もう一つの理由として重要なのはバルナバがサウロを「ダマスコでイエスの名によって大胆に宣教した」と紹介していることです。短い表現でその内容は定かではありませんが、その次第を聞いたエルサレム教会の人々にはそれについて思い当たることがあったはずです。それは主イエスの弟子たちをはじめエルサレム教会の人々が、いったいなぜ自分たちが主イエスの名によって大胆に宣教し始めることが出来たかということでした。そもそもペンテコステに主イエスからの聖霊が下り、その聖霊の力によって始まったのが、教会の宣教の働きにほかなりませんでした。宣教それ自体が人間的な固い決心や努力から生まれたものではありませんでした。つまりこの点が大事なのですが、彼らはバルナバからサウロの宣教の働きを聞いて、サウロの上に自分たちと同じ聖霊が主イエスから送られていることを認めざるを得なかったのです。

エルサレム教会の人々に受け入れられたサウロは、その地でもすぐさま主イエスの福音を大胆に宣べ伝え始めます。しかし29節をみると直ちにあらたな問題が起こります。「また、ギリシア語を話すユダヤ人と語り、議論もしたが、彼らはサウロを殺そうとねらっていた」。教会とクリスチャンに反対しているユダヤ人たち、とりわけ教会を一掃しようと狙っていた人々の目には、サウロの回心は死をもって償うべき裏切りだったのです。今日の箇所には残念ながら宗教をめぐってあってはならない迫害や殺人という恐るべき実態が描かれています。宗教的な独善はともすれば他者を否定する独善的思考に、更には狂信的なあれかこれかに陥らせる怖さがあります。

まさに今度はサウロがかつての仲間だったユダヤ人から殺害されそうになるのですが、それを教会の人々が守ります。「それを知った兄弟たちは、サウロを連れてカイサリアに下り、そこからタルソスへ出発させた」(30節)。

少し前までこの迫害者サウロの活動でどうなってしまうかわからなくなっていた教会でした。しかしこのサウロの回心をきっかけに大きな前進をとげていったことを、聖書は次のように記しています。「教会はユダヤ、ガリラヤ、サマリアの全地方で平和を保ち、主を畏れ、聖霊の慰めを受け、基礎が固まって発展し、信者の数が増えていった」(31節)。

この使徒言行録は別名「聖霊行伝」と呼ばれますが、教会の活動はどこまでも主イエスから送られた聖霊による導きであることを告げています。教会がいまあるのは、聖書が告げるように「全地方で平和を保ち、主を畏れ、聖霊の慰めを受け」たこと、すなわちひとえに主なる神様のみ業のおかげなのです。今日の箇所は恐らく主の十字架の死より数年を経たばかりの初代教会の出来事です。そしてそこには民族の境界を越えて世界教会へと至る普遍的な教会の姿が先取りされています。

本日の招きの言葉は詩編34編からお読みしました。詩編34編には、神様がダビデの人生に介入し、すんでのところで死を免れさせ命を守ってくださったという救いの体験がありました。34編は救われたことへの感謝の思いがもとになってそれが幸いと平和を求める祈りとなっています。そしてこの祈りはただ自分自身とその仲間たちとの間だけに留まるのではなく、イスラエルを越えて周りの世界と、そして神様との平和を求めるようにと、普遍的な祈りを促すのです。

かれこれ三千年前、ダビデの時代、世界の推定人口は約一億数千万人だったらしいのですが、一説によれば、20世紀人類はなんと一億八千七百万人を殺したというのです。こんなことではいけないというのが、キリスト教の21世紀のメッセージでなければならないはずです。今、約七十九億の人間が小さな地球に生きています。その中で、日本もそうですが、アメリカ、ロシア、中国といった大国が世界の半分以上の資源を使っています。そのうち巨大なお金が軍事費についやされています。そのような国々がもしも戦争を起こしてしまうと、自国だけでなく全世界が破局に陥ってしまうのはあきらかです。軍拡競争に勝者はいないのはわかっています。力による平和という考えではもはや人類の未来は描けないはずです。

世界中の教会が十字架を掲げています。使徒パウロが「わたしたちは、十字架につけられたキリストを宣べ伝えています」（コリントの信徒への手紙 一1章23節）と書いたように、十字架は21世紀においてもキリスト教の中心ともいうべきシンボルです。罪なきキリストは私たち人間に代わって十字架の死を通して敵意という隔ての壁を取り壊し、神様と人間との間に、そして人間同士の間に和解と平和を実現してくださいました。こんにちキリスト教とは何かと問うならば、十字架そのものと言わなければなりません。私たちの周りには様々な覇権主義的、排他的、非寛容なこの世のスローガンが流布しています。なんとかファーストという自己中心的なスローガンがこの世に流布するとき、私たちは、本日神様から示された御言葉を心に刻みたいと思います。

〈お祈り〉8月最初の主日、本日は特に平和聖日の礼拝であることを覚えてみ前に集っております。七十六年前に長い悲惨な戦いが終結に到るまで私たちの国は御心に反して多くの国々と人々とに、死と苦しみと損失とを与えました。私たちはその過ちを懺悔し、まことの平和がもたらされることを切に祈り求めるためにこの日を覚えております。どうかただ戦争の起こらないことだけではなく、全ての人々の間に平和の絆が結ばれてまいりますように。あなたは世界が平和の絆で結ばれるためにキリストを送ってくださり、私たちを決定的な敵意から救いだし、あなたとの和解に入らせてくださいました。そのキリストの現実ゆえに、どうか和解の務めを果たすことができますように導いてください。

（2021年8月1日、平和聖日礼拝）

神の創造と人間の堕落

創世記4章1―10節

本日10月31日は宗教改革記念日です。五百四年前のその日、アウグスティヌス派の修道士マルティン・ルターはローマ教会に対して「贖宥《しょくゆう》の効力を明らかにするための討論――九十五か条の提題」を公にいたしました。贖宥というのは罪の赦しのことですが、当時信徒はその罪の赦しを受けるために教会の定めた秘跡《ひせき》による条件を満たさねばなりませんでした。しかし、教会はそこに贖宥状というお札を買うことによって罪の償いが可能であるというより安易な教えを作りだします。そして贖宥状の販売促進のために、煉獄《れんごく》、つまり地獄の一歩手前とされる領域を設定、死者の魂に対しても全面的な赦しが与えられるとしました。実はこの日は、翌11月1日が「諸聖人の日」（全聖徒の記念日）であることを意識して決められたものです。贖宥は死者の救済に関わる問題でもあったために、ルターは「諸聖人の日」の前日ならばこの九十五か条の提題が取り上げられるであろうと踏んで、ヴィッテンベルク城教会の扉に張り出したのでした。

今朝の宗教改革記念日にあたりあたえられた聖書は創世記4章です。創世記の記述は、最初に天地創造があって2章から人類最初の男女アダムとエバの物語が始まります。エデンの園でアダムとエバは食べてはいけないとされていた木の果実、つまり善悪の知識の実を食べてしまいました。こうして戒めを破った二人は神様によって園から追われてしまいます。しかし不思議にも死を免れ、しかも神様は罪を犯した人を見捨てず、生きることを赦されました。

しかし、そこはすでにエデンの東、すなわち舞台は楽園の外になっています。いわゆる楽園追放と喪失、パラダイス・ロストの世界が広がっています。そこで妻エバは身ごもって男の子を産みました。その子がカインであり、やがて弟アベルも生まれます。ところがそこで人類最初の兄弟同士の争いが、しかもあろうことかその争いが人類最初の殺人に至るという大事件が起こります。それが今日の創世記4章なのですが、時が経ち、カインは土を耕す者に、アベルは羊を飼う者となりました。そして収穫の時に、カインは土の実りを、アベルは羊の初子を献げ物として持ってきたのです。すると「主はアベルとその献げ物に目を留められたが、カインとその献げ物には目を留められなかった」（4－5節）のです。神様が何故、そうふるまわれたかについて聖書は何も語っておりません。

確かに私たちの人生には理由や説明のつかない不公平な出来事があふれているのではない

でしょうか。例えば仲の良い二人が同じ学校を受験し、片方が合格、他方が不合格になることがあります。それまでの関係に亀裂が生じ友情が失われることがあります。そのようなとき人は友を妬み、さらには神をも恨むようになることもあります。

聖書は「カインは激しく怒って顔を伏せた。」と書いています。カインの怒りはさしあたり神の選びの不公平に対する怒りでありましょう。すると神はカインに問われます「どうして怒るのか。」「どうして顔を伏せるのか」。この段階で神様はまだどこかナイーブというか、兄弟に対して中立な感じですが、とにかくカインに問いかけ、応答を待っておられます。このあと聖書に登場してくるアブラハムやモーセ、預言者や使徒たちという人々はしばしば「主よ、何故ですか。何故このようなことをされるのですか」と神様に激しく迫っています。彼らはある意味で神様に正面から向き合った人たちではなかったかと思います。

そして神様は人間の反論に対して答えて下さっています。ところがこの時カインは神様に向き合うのではなく、その怒りと憤りを弟アベルへと向けてしまったのでした。カインはアベルに対する嫉妬心と競争心をコントロールすることができなかったのです。カインはついに弟アベルを野に誘い、彼を襲って殺してしまうのです。神様との交わり、愛と赦しを失う時、ひとは自分の力への信頼を強め、さらなる対立や競争を生んでいきます。そのような神様を忘れた生き方、人間中心主義の流れが現代にも続いていると言わなければなりません。

本日は宗教改革記念日にあたりますが、最初に歌いました讃美歌21の50番『みことばもて主よ』は、マルティン・ルターが自ら作詞作曲したものでした。その1節に「みことばもて主よ、われらを支えて、打ち砕きたまえ、主にそむく悪を。」とありました。「主にそむく悪」、ルターはそこに私たちの怒りや憎しみや嫉妬といった罪、つまり主にそむく人間の現実を見抜いていています。私たちの内にもカイン的な暗い側面が潜んでいるのです。その意味で、今日のカインとアベルの物語が聖書の最初に描かれているのは、私たちの真実の姿、罪による破れの現実を知らせているのではないかと思います。

有島武郎《ありしまたけお》（1878-1923）という著名な作家がおります。有島の父親が横浜税関長に就任したこともあって、一家は横浜で生活をしていました。有島はクラーク博士で有名な札幌農学校に学び、キリスト教の洗礼を受けています。1917年ですから百年ほど前になりますが、『カインの末裔《まつえい》』という小説を書いています。北海道を舞台とした小説で、それはおそらく全人類がカインの子孫であるという意味で、カインの問題は私たち全人類の問題であるという問いかけがあったと思われます。確かに私たちはみなカインと同じように、容易に暗い怒りや憎しみや嫉妬を持ってしまう存在なのです。

しかしこのあと主は、アダムとエバの時もそうでしたが、カインにひとつのしるしを付けられ、赦しと守りの約束が与えられます。それだけではありません。25節以下を見ますと、殺されたアベルもセトという形で新たに生かされたことがでてまいります。「再び、アダムは妻を知った。彼女は男の子を産み、セトと名付けた。カインがアベルを殺したので、神が彼に代わる子を授けられたからである。セトにも男の子が生まれた。彼はその子をエノシュと名付けた。主の御名を呼び始めたのは、この時代のことである」。

これはアベルに代わるセトによる新しい系譜のはじまりとなっています。エノシュとはもともと弱くはかない存在としての「人間」を意味します。そして「主の御名を呼び始めた」とあるのは、原意としては主なる神、すなわちヤーウェという名の神様を崇めるようになった。つまり、それは神様を礼拝し、祈り、その交わりに生きることを始めたのです。

本日私たちは宗教改革を記念する礼拝の中で和田了子さんの転入会式を行うことが出来ました。神様がこの日を備えてくださったお導きに感謝いたしております。招きの言葉でコリントの信徒への手紙 二12章10節を読みました。「それゆえ、わたしは弱さ、侮辱、窮乏、迫害、そして行き詰まりの状態にあっても、キリストのために満足しています。なぜなら、わたしは弱いときにこそ強いからです」。これは和田さんが先月の役員会における面接の際、愛唱聖句として挙げてくださったものです。

和田さんは二年前の11月、初めて私たちの教会に来られ、昨年の8月からはずっと礼拝にこられています。その期間はちょうどパンデミック、コロナ禍の二年間と重なるわけですが、私たちもまた和田さんと同じように「弱い時にこそ強い」という励ましを受けながら過ごしてくることができました。しかし、それはほかでもない、私たちがここで主イエス・キリストを礼拝し、伝道する群れを形作らせていただきながら、その交わりに生かされているという事実そのものからきています。

先ほど私は自分が弱くはかない存在であることを認めたエノシュのとき主を礼拝する生活が始まった、と申しました。実はこのエノシュを含む新しい系譜がカインの系譜と対比して語られます。つまりアダムとエバに第三子のセトが生まれ、その子どもエノシュの系譜からノア、アブラハムが登場し、やがてダビデの系譜からイエス・キリストがお生まれになります。そして、ひいては主イエスの教会の群れにつながるという壮大な救済の歴史がつづくことになります。

そうなりますと、私たちはアベルの末裔ということになり、さらにはセト — エノシュという、主を礼拝する民の系譜につながっているということになります。このようにカインとアベルの物語から私たちはただカインの末裔という否定的で暗い面だけでなく、私たちもまたどのような状況の中でも赦され、やり直すことができることを知らされます。それゆえに私たちも他者のやり直しを受け入れる、他者の過ちを数えない在り方が求められているのだと思います。そして地上においてそのような赦しと守りを与えてくださる神様は、私たちの地上のいのちの終わり、すなわち死に際しても、いや、死ののちにおいても配慮してくださっていることを聖書は告げています。アドベントまではやひと月を残すところとなりました。神様が主イエスによってカインの末裔という人間の暗い部分を打ち砕き、み言葉によって勝利してくださることを信じて歩んでまいりたいと思います。

〈**お祈り**〉世界の主でいたもうイエス・キリストの父なる神さま。今朝は創世記のカインとアベルの物語から私たちの内なる罪深い本質を突きつけられましたが、同時にどのような状況の中でも主に立ち返ることによって赦されてやり直すことができることを知らされ感謝いたします。五百年前、ルターはイエス様を信じる信仰が、ひとの罪を取り除き、義の賜物を与えて救いたまうという福音にめざめ、そこにこそ教会のよって立つ土台を実現したと告知いたしました。どうか私たちもその新しい今、神の義という灯火、福音の光をしっかり携えつつ、主に従う群れとして歩めますよう導いてください。

（２０２１年10月31日、宗教改革記念礼拝）

天の故郷を熱望して

ヘブライ人への手紙11章8―10、15―16節

キリスト教会は昔から11月1日を万聖節（オール・セインツデイ）あるいは諸魂日（オール・ソウルズ・デイ）として守ってきました。そもそもはカトリック教会の殉教者あるいは聖人を記念する日だったのですが、やがて一般の召された人たちを記念する日となりました。日本基督教団はこの11月1日に一番近い日として11月の第一主日を聖徒の日、永眠者ないし召天者記念日と定めております。私たちは本日、それぞれの心のうちに召された方々を覚えつつここに集っております。

本日用意した召天者のリストにはお名前と召天日、そして続き柄だけが記されております。それはいつこの世界にやって来て、いつ去って行ったかということであります。お父さん、お母さん、おじいさん、おばあさん、兄弟姉妹、そして時には、悲しいことですが、自分の子どもということがあります。その人たちとの交わり、その人たちから受けた恵み、数えき

れない想い出がよみがえってまいります。そこには当然ながら先だった人たちを自分たちの交わりの中に置いてくださった神様への感謝もあるにちがいありません。

先ほどヘブライ人への手紙11章を読みましたが、16節に「彼らは更にまさった故郷、すなわち天の故郷を熱望していたのです。」とありました。そうしますと、私たちもまた本日、ただ過去にのみ思いをいたすだけでなく、さらにもう一つ別の次元として、時空を超えた先、すなわち天を見上げるときが与えられているのだと思います。そこにありますように、永続すべき都、まさに本国である天を思い浮かべるのです。そして13節には「この人たちは皆、信仰を抱いて死にました。」(13節)ともありました。つまり、死んだら、すべての終り、魂の滅びではないのです。神さまを信じる者は、死の中にも、死の先にもなお希望を抱き、慰めを見いだします。なぜなら、神様が「天の故郷」(16節)を用意すると約束してくださっているからです。

今日の聖書に登場するアブラハムという人は「信仰の父」と呼ばれた人物です。このアブラハムについて、8節に次のように記されています。「信仰によって、アブラハムは、自分が財産として受け継ぐことになる土地に出て行くように召し出されると、これに服従し、行く先も知らずに出発したのです」。

「アブラハムの召命とカナン地方への移住」については、もともとは創世記12章に物語られています。しかしその直前の創世記11章をみますと、その召命に至るアブラハムとその父テラの一家の様子が描かれており、そこもまた大変興味深いところです。28節にはこう書かれています。「ハランは父のテラより先に、故郷カルデアのウルで死んだ」。ここにアブラハムの弟ハランが、若くして死んだということが書いてあります。このことはアブラハムとその一家の生活を大きく揺るがす辛い出来事だったであります。

旧約聖書の学者として青山学院の教授をされた浅野順一牧師（1899-1981）は、満二歳になろうというお子さんを肺炎で亡くされたのですが、その切なる思いを「亡児追憶」（1936年1月10日の日記）のなかでこう記しておられます。

「もう子供が天に召されてから、かれこれ一月近くになる。……何かの拍子にふっと思い出すことは日に一度や二度ではない。その度ごとに申すも恥しきことながら自分の体内の血流が一時に停止し、全精力が煙の如《ごと》く消え去って、何のために生きているのやら解らないような味気無ささえ感じさせられる。ただ悲しく淋しいという感情以上のものである。到底筆にも口にも言い現わせない。……」（『たましいの足跡』創文社）。

アブラハムの父、テラにとって息子ハランの死は生涯癒えることのない心の痛手となって続いたに違いありません。

テラは息子ハランが死んだ後、その心の痛手を負って、生まれ育った町、今まで築いてきた全生活の土台があるウルの町を後にして旅立ったのでした。アブラハムもその妻サライも、そして死んだハランの息子であるロトも一緒でした。目的地はなお先のカナンであったと書かれています。しかし結局、テラは目的地にたどり着くことができませんでした。カナンまで行こうと思えば行けたのかもしれません。けれども、その途中でハランという亡くなった息子と同じ名前の町を通りかかります。テラはこの町に愛着を覚えたのだと思います。そして、カナンという目的地を忘れ、ハランの地に長逗留し、二百五歳で死ぬまでそこに住み続けたというのです。

どこか物悲しい感じが伝わってこないでしょうか。でもだからといってアブラハムとその一家について何か格別に不幸だったとかいうことは必ずしも言えないように思います。そもそも何も問題のない幸せな一家があるでしょうか。アブラハムにせよ、サライにせよそれなりの幸せをもっていたでありましょうし、また彼らなりの苦しみや悩みを負っていたということであります。

作家の三浦綾子さんは、青春のまっただ中にあった十数年を重い病気で床に臥したまま過ごしました。恋人の死の知らせも、床に臥せたまま聞き、床に臥せたまま涙を流しました。その三浦綾子さんは、「天地をお造りになった神様は、何一つ無益なことはなさらない。わたしの病気もそうであった」と語っておられます。そして、苦しみに人生を諦めるのではなく、苦しみを通して神様を求め、神様を知るならば、人生のどんな辛いことにも意味がある。そして、神様が自分の人生をどんなに大事に思ってくださるか、どんなに尊い人生であるかということが分かるのだといっておられます。確かにそれが分かったら、私たちはどんなにか大きな幸せを感じることができることかと思います。

「あなたは生まれ故郷
父の家を離れて
わたしが示す地に行きなさい」（創世記12章1節）。

その声に従い、アブラハムは父がなおとどまったハランという地を離れ、75歳で出発したのです。行く先は分からない。人間の経験や常識で考えられる保証は何もなかったでしょう。それでも、アブラハムは神さまが「新しい故郷」を用意してくださっていると信じ、神の祝福を信じて出発したのです。ひとつ言えることは、そこに大きな転換があるということです。つまりそれまでアブラハムが生きてきたのは、神様のおられない土地、すなわち神様のおられない人生でありました。そこから、神様が共にい給いて、主に導かれて歩む人生へと出発したのです。自分の経験や常識、人間的な知識や力、それらに頼って生きてきた人生、実はそういったものが不確かで、頼りなく、虚しいものであることに気づいて、変ることのない永遠なるもの、確かな、力あるもの、すなわち神様を頼りとし、神様の言葉に聴き従う人生を歩み始めたのです。

この信仰によって、私たちの人生観あるいは死生観において、私たちの命の捉え方は全く変わります。地上こそ自分の故郷、命の本拠地だと考えているならば、死は命の終わりであり、魂の滅びであり、愛する者の死は永遠の別れということになります。けれども、天の地こそ自分の魂の故郷、命の本拠地だと信じるならば、地上の死は、命の終わりではなく、魂の滅びでもなく、また愛する者との永遠の別れでもありません。地上での仮住まいが終わり、魂の故郷へと帰るのです。「天の故郷」で生きる命が始まるのです。愛するひとたちとそこで再会するのです。

招きの言葉にヨハネによる福音書3章16節を読みました。「神は、その独り子をお与えになったほどに、世を愛された。独り子を信じる者が一人も滅びないで、永遠の命を得るためである」。先ほど浅野順一先生のお話をいたしましたが、浅野先生はわが子を失ってみて神様の愛が分かった。それは「生命《いのち》がけの愛」だと書いておられます。

「子を持って知る親の恩ということがあるが子を失って見ると神の愛が解るものである。子供の昇天した日の通夜《つや》にヨハネ伝の第一章から精読して見た。そして3章16節「それ神はその独子を賜うほどに世を愛し給えり」のところに至り泣けて仕方がなかった。神がその独子を此の世に送り給うたとはどんなに大きな犠牲であったのであろうか。かかる犠牲なしに神にそむくこの世は救われないのである。キリストの十字架はカルバリーの丘の上にばかりあったのではない。すでにベツレヘムの馬槽《まぶね》の中にあったのである。愛というものは生命がけのものである。『主は我らのために生命を捨てたまえり、之によりて愛ということを知りたり』ほんとうにそうだ。」（前掲書）。

塵の中に住む者であったアブラハムを呼び出し、アブラハムをわが友とし祝福された神様は、私たちをも塵の中から拾い上げ、「わたしに従いなさい」と祝福へと招いて生かしてくださいます。私たちにはいろいろ苦しいときや、人生が分からなくなる時がありますけれども、そういう時にこそ、独り子をお与えになったほどに世を愛された神様は、まさに生命がけの愛をもって私たちを愛していてくださいます。

私たちは本日、先に天に召された方々を覚える特別な時を持つことができました。それはまた召された方々おひとりおひとりに神様が祝福を与えてくださったこと、そして御許に招き入れてくださったことを、感謝をもって思い起こすときでもあります。愛する方々を御許に送られたご家族、ご親族の上に、また兄弟姉妹の上に、主の慰めと希望が豊かにありますようお祈りいたします。

（２０２１年11月7日、聖徒の日・召天者記念礼拝）

喜び・拝み・献げるクリスマス

マタイによる福音書2章1―12節

私たちはアドベントからこれまでクリスマスをさまざまな形でお祝いしてまいりました。今年は19日のクリスマス主日礼拝、24日のイブ礼拝、そして25日の降誕日礼拝と続きました。日本の場合、クリスマスのあとに迎える最初の主日はすでに祭りの後という感じになるのですが、その点ドイツの教会の暦では26日は第二クリスマスとして祝日になっています。ただいまマタイの伝えるクリスマスの記事にはこうありました。「東方で見た星が先立って進み、ついに幼子のいる場所の上に止まった。学者たちはその星を見て喜びにあふれた。家に入ってみると、幼子は母マリアと共におられた。彼らはひれ伏して幼子を拝み、宝の箱を開けて、黄金、乳香、没薬を贈りものとして献げた」。

マタイによる福音書は、2章1節から12節までの段落で、実に四回にわたってこの星について語っています。そして学者たちはこの星に導かれてついに幼子イエスを発見し「喜びにあふれた」と記されています。主イエスにお会いする以前に、その星を見たことがすでに大きな喜びでした。岩波書店のマタイ福音書（佐藤研訳）によれば、「彼らはその星を見て、ただ喜びに喜んだ」とあります。それがイエス様のいる場所を示し、主イエスとの出会いに導くその星を見た時の学者たちの気持ちでした。

さらに彼らは「ひれ伏して拝んだ」とマタイは語ります。それはまぎれもなく礼拝の行為でした。しかもここで私たちは人間の常識がひっくり返っていることを知らされます。学者たちが礼拝の対象として見たものは、圧倒するような威厳に満ちたメシアではありません。星の導きをたよりにやっとたどり着いたにもかかわらず、当の相手は飼い葉桶の赤ちゃんなのでした。学者たちが目にしたのは、突然の出産に準備をするいとまもなく、家畜の餌箱にわらを敷いて幼子を産み落とさなければならなかったという非常事態でありました。しかし見方を変えれば、これは救い主はどこにおいでになるかということを示しているとも言えます。すなわち救い主がいますところ、それはまさに私たちが嘆き、うめいている地上のただ中です。そこ以外には救い主はおられません。そして今や学者たちは、その地上の無力と弱さと小ささから目をそらすことなく、その中にいますお方を礼拝しているという出来事がここにあります。

私たちはふつう天においでになる神様を賛美することは当然と考えます。しかし、救い主なる神様は地上にいますお方であることを、この占星術の学者たちは教えています。彼らがもし乳飲み子の外見だけを見るだけであったなら、この地上の無力を嘆くだけに終わることでしょう。だが、彼らはそうではありませんでした。地上の無力の中にいます救い主を幼子イエスに見て、礼拝をし、その証しとして、携えてきた贈り物を献げました。

黄金、乳香、没薬、それらの贈り物については様々な解釈があります。スタンダードな解釈によれば、黄金は王のしるしであって、神の国の主として来りたもうたお方にささげられます。乳香は祈りのしるしであって、神と人の仲保者である祭司の役目を果たすお方に贈られます。そして没薬は、贖い主としての十字架の死を遂げたもうお方に献げられるものです。黄金、乳香、没薬、これらの贈り物は、救い主イエス様の全生涯とその救いのわざを象徴しています。そして学者たちの献げ物はその応答のしるしなのです。マルティン・ルターは、私たちが弱さの中にあるときに慰めを受けるのは、キリストとの間に「喜ばしい交換」が起こるからだと言います。私たちの持つ弱さを、嘆きや悲しみ、またときには愚痴としてキリストにお献げすると、キリストはご自身のものを私たちにくださいます。私たちのものをキリストが引き受けてくださって、引き換えに慈しみをいただくことになるのです。信仰による慰めが、そのようにして私たちのものとなります。東方の学者たちが大事な宝物をささげて非常な喜びに満たされたというのはまさにそのような喜ばしい交換ではなかったでしょうか。

彼らが垣間見た世界は、そのような究極のなぐさめ、救いの世界にほかなりませんでした。

　私たちが住むこの世界は、様々な格差が存在する格差社会です。その原因は様々で、複雑に絡み合うことで難しい問題にまで発展しています。しばしば強くない者は努力を怠ったのであり、努力しても強くなれない者は強い者が面倒を見るのだと、あたかもそれが決まりごとのように言われます。弱者扱いされてしまう年老いたひとたち、障がいを身に帯びたひとたち、コロナ禍によってあるいは突然の災害や事故によって生活の支えを奪われ、ようやくその日その日を生きているひとたちがおられます。そうした人たちはどこに安心して生きられる場所があるのでしょうか。

　本日の招きの言葉（マタイによる福音書6章）で、イエス様は「空の鳥をよく見なさい」、「野の花がどのように育つのか、注意して見なさい」と言われました。イエス様のお言葉からイメージするのは、もちろん伸び伸びと自由に大空を飛び回っている空の鳥であり、色とりどりに咲き誇っている野の花であります。そしてイエス様は続けてこう言われました。「種も蒔かず、刈り入れもせず、倉に納めもしない」。「働きもせず、紡ぎもしない」と。つまり、何もしないのです。いわば、世の中の考え方からすれば、無用の存在のようなものです。けれども、空の鳥は大空を羽ばたき、野の花は色とりどりに咲き誇るとイエス様は言われるのです。

イエス様が「見なさい」と言われる世界は、「いる」ことが大切にされる世界です。つまり、存在の価値です。世の中は「頑張れよ」「努力しなさい」の氾濫です。「いるだけでよい」という言葉が、人に生きる安心感を与える言葉であるということは、とても大切なことです。つまり、存在そのものを肯定する大切さを現代社会は忘れています。

大江健三郎さんの最後の小説とされる『燃え上がる緑の木』(1993-1995)は三冊からなる大作であります。この小説の執筆中にノーベル文学賞を受賞。また、完結の直後にオウム真理教事件が起こり、その予言的作品としても注目されました。この大作のいちばん最後は、「Rejoice!(リジョイス)」という言葉で終わっています。大江さんは作中でアイルランドの詩人、イェイツ(William B.Yeats, 1865 - 1939)の詩のこの言葉を「喜びを抱け」と訳しましたが、作家はこの「リジョイス」を最後の小説の結びにしたかったようです。そこには、現代人にとって結局、何が大切か、作家の直感がとらえているものがあり、現代人には「喜ぶこと」が必要だということでしょう。「喜び」が与えられなければならない。「喜び」が失われるとき、ひとも社会も危ういといわなければなりません。

占星術の学者たちが、飼い葉桶の中の無力な乳飲み子を拝したということの中には、現代の私たちにとって、何もできないこと、あるいは、そこにいることだけでしか生きることのできないものへの大きな慰めを含んでいると思います。彼らはキリストの命とその交わりをいただいてリジョイスが起こったのだと思います。私たちもまたこのような喜びに満たされてまいりたいと思います。大いなる神様がおられ、その神様が私たち人間とこの世界を省み愛して、掛け替えのない宝であるキリストを与えてくださいました。この宝であるキリストを私たちの中心にすえて、クリスマスから新年へと歩みだしてまいりたいと思います。

〈**お祈り**〉主イエス・キリストをお遣わしくださった神さま。一年の最後の主の日をここにくわえてくださり礼拝をささげることがゆるされまして感謝いたします。最初のクリスマスに東方の学者たちが幼子を見出し大きな喜びに包まれ、御子を礼拝し、それぞれの宝を捧げました。私たちもまた、そのままの存在として受け入れられ、そこに喜ばしい交換が起こる、新たな出来事としてのクリスマスとならせてください。どうかあなたのおおきな贈り物に対して、私たちの一番大切なものをささげて、何ものにも代えられない非常な喜びにみたされつつ、この世において御名を崇める礼拝者としての歩みへと向けられますように、どうかあなたの力と導きをお与えください。

（2021年12月26日、降誕節第1主日礼拝）

深い憐れみの御手に触れ

マルコによる福音書1章40―45節

今日の聖書箇所はイエス様がある町でひとりの全身に重い皮膚病を患っている人を癒したというところですが、聖書の内容にはいるにあたり、少し翻訳上のお話をする必要があろうかと思います。お手持ちの聖書に「重い皮膚病」ではなく「らい病」と書かれているという方がおられるかもしれません。同じ新共同訳聖書でも、初期のバージョンは「らい病」となっておりましたが、その後患者さんの苦しみや差別を助長したりすることがないように「重い皮膚病」に改められたという経緯があります。また、新約聖書で「らい病」と訳されている原語はLepra（レプラ）ですが、その病気にはそれ以外の似たような症状を起こす皮膚病がすべて含まれていたらしく、そうしたことからも「重い皮膚病」という訳になったようです。

当時、重い皮膚病の人は、社会的に非常に差別を受けていました。レビ記13章45‐46節を見ますと「重い皮膚病にかかっている患者は、衣服を裂き、髪をほどき、口ひげを覆い、『わたしは汚れた者です。汚れた者です』と呼ばわらねばならない。この症状があるかぎり、その人は汚れている。その人は独りで宿営の外に住まねばならない。」とあります。イエス様の時代も、重い皮膚病にかかった人は、肉親からも、ユダヤ人の社会からも隔離され、町の外で人々から物乞いをして生活しなければなりません。エルサレムの町は東西南北高い城壁に囲まれており、独り外に住まなければならない人たちの肉体的、精神的苦痛は計り知れないものがあったのではないでしょうか

ここに登場する人はそのような境遇の中でかすかな希望を抱き、イエス様の所にやって来たのです。40節に「さて、重い皮膚病を患っている人が、イエスのところに来てひざまずいて願い、『御心ならば、わたしを清くすることがおできになります』と言った」とあります。「御心ならば」とありますが、原文からすると「わたしは意志する」という意味です。岩波書店から出ている新しい訳では「主よ、もしお望みならば」と訳されています。この病人が治ることはイエス様のご意志、イエス様の望むところだというのです。

マタイとルカにはないのですが、マルコによれば、これを聞いて「イエスが深く憐れんで、手を差し伸べてその人に触れ」とあります。イエス様はこの病人を見て、今までこの人がどんなに苦しんできたかを思い、「深く憐れまれ」たのです。ここで、「憐れんだ」と訳されている語は、日本語の憐れみというよりはもっと深い意味があります。これも先ほどの岩波訳

では、「イエスは、腸がちぎれる想いに駆られ」と訳されています。ちょうど日本の「断腸の思い」と似ています。「憐れみ」というのは、単に同情するというのでなく、痛みを共にすると言わなければならないと思います。イエス様の憐れみは、そのようにご自分の苦痛を伴うものでした。

ここでイエス様は、ただこの人が治るようにとの願い、ご意思だけを持っておられます。招きの言葉で、イザヤ書53章4節を読みましたが、主の僕が「担ったのはわたしたちの病／彼が負ったのはわたしたちの痛みであった」といわれています。イエス様は私たちが病にある時、あるいは悲しみにある時、それを深く憐れみ、共に担ってくださいます。イエス様は手を伸ばしてその人に触れられました。これは病という辛さもさることながら、そこにもう一つの悲しみである隔離という孤独をご覧になって、この人にひとりではないことを伝えようとされたのだと思います。

もう半世紀以上前、1956年、エーリヒ・フロム（Erich Fromm, 1900-1980）というドイツ出身の心理学者が、『愛するということ（The Art of Loving）』という著書を表しました。フロムのこの著書との私の出会いは予備校時代、英語のテキストに取り上げられたことから始まりました。この書でフロムは人間とは死を知っている存在だとしました。そしていつか死ななければならないという自意識が、孤独への恐怖を生んでいると考えました。この孤独の恐怖を解消するために人は他者との一体化をめざす。それが愛の本質だとフロムは言います。そしてこう書きます。「人間が、私たちが、いちばん恐れているのは、一人ぼっちであるということではないか。そしてその観点から見ると、人間のあらゆる営みというのは、何とかして一人ぼっちの状況から脱却したいという努力である、と見ることが出来る」。

今日の聖書に登場する重い皮膚病にかかった人たちのつらさは病気のつらさ以外に、愛する家族、友人、そしてパートナーたちからも切り離された、まさに孤独によるつらさがあったと思われます。これはまた床に伏したままの病気の方や身寄りのない方にも同じように言えることではないかと思います。とりわけ三年目になるパンデミック下において、高齢者の方々にはその孤独ゆえに不安、抑うつといった精神症状とトラウマ症状を増加させているという見解があります。

マルコの描くこの奇跡の物語の結末はこうなっています。「しかし、彼はそこを立ち去ると、大いにこの出来事を人々に告げ、言い広め始めた。それで、イエスはもはや公然と町に入ることができず、町の外の人のいない所におられた。それでも、人々は四方からイエスのところに集まって来た。」（1章45節）。この人は主イエスから黙っていなさいと言われたにもかかわらず、この出来事を人びとに大いに言い広めはじめました。そうせざるを得なかったところに、この人の喜びが現れています。

作家の三浦綾子さんの本に『道ありき』という自伝があります。三浦綾子さんは、若き日にカリエスという結核菌が脊椎に入り込んで生じる病気で、長い療養生活を送りました。その病気の原因が分かった時のことを次のように書いています。

「病室に帰ってからわたしは思った。自分の背骨が結核菌にむしばまれているというのに、レントゲンにハッキリ写し出されなかったばかりに、足がフラフラになるまでわからなかった。このままもしわからずにいたとしたら、わたしの骨は全く腐ってしまって、死ぬよりほかになかったのではないだろうか。そしてまた思った。魂の問題にしても、同じことが言えるのではないだろうかと。罪の意識がないばかりに、わたしは自分の心が蝕《むしば》まれていることにも気がつかないのではないだろうか。腐れきっていることに気がつかないのではないだろうか。つくづく恐ろしいとわたしは思った。」（三浦綾子『道ありき』）。

三浦綾子さんの告白はパウロのつぎの言葉と重なるように思います。「しかし、わたしたちがまだ罪人であったとき、キリストがわたしたちのために死んでくださったことにより、神はわたしたちに対する愛を示されました。」（ローマの信徒への手紙5章8節）。今日の聖書でイエス様はこの重い皮膚病の人にまずお触れになって、それから癒されたのでした。三浦さんの表現によれば、「自分の心が蝕まれて」いるままの私を憐れんで近づいてくださり、魂に触れてくださったのではないでしょうか。イエス様は、私たちの苦しみを共に負われるということをはるかに超えて、私たちに代わって苦しみを負ってくださいました。これが十字架なのだと思います。私たちは主の十字架を思う時、イエス様の私たちに対する愛がいかに大きいものであるかが分かります。主イエスは私たちの病、苦しみを共に担ってくださいます。その主の愛に私たちは常に目を向けて歩んでまいりたいと思います。

〈**お祈り**〉教会のかしらなる主イエス・キリストの父なる神様。私達は今、感染症の急速拡大という不安のなかにありますが、こうして御名をほめたたえる喜びを新たにすることがゆるされて感謝いたします。現代社会の複雑な仕組みのなかにあって、そこに未曾有のコロナ禍も加わって心身を病み、いやしを求める人々が多くおり、また私たちひとりひとりもあなたのいやしを必要としております。どうか、主のあわれみの御手を私たちに触れ、力ある御言葉を与えて、私たちをいやしてください。

（2022年1月30日、降誕節第6主日礼拝）

荒れ野の試練に耐えて

マルコによる福音書1章12―15節

受難節第二の主日を迎えております。今日はレントの時期に相応しくマルコ福音書からイエス様が荒れ野での悪魔の誘惑を受けられたという短い記事が与えられました。マルコだけでなくどの福音書もそうですが、イエス様は宣教活動を開始するに当たり、バプテスマのヨハネから洗礼を受け、霊の力を受け、更にその霊によって荒れ野に導かれて、悪魔の誘惑を受けられた事が記されています。

私たちにとってもまた、洗礼、誘惑、そして宣教というこの順序は大切なのではないでしょうか。つまり何か自分でこの世の試練に打ち勝ってから、バプテスマを受ける資格ができたのではありません。まず神様に信頼し、神様の助けにゆだねて信じると告白し、洗礼を受けてから、悪魔の試みに会うのでなければ、私たちは敗北を免れない。そう聖書は教えているのだと思います。

「それから、〝霊〟はイエスを荒れ野に送り出した。」（12節）

〝霊〟という語は、原語では「プネウマ」です。聖書では「聖霊」「神の霊」「主の霊」の意味の場合に「〝　〟」（二重引用符）が付けられています。ここで注意したいのは、イエス様はみずから進んで荒野に出向いて、悪魔の試練に会われたのではありませんでした。マタイは「霊に導かれて」と書いています。ルカはもっと激しく「霊によって引き回され、」と記しています。試練というのは自分から進んで挑《いど》むものではなく、むしろ向こうから否応なしにやって来るものが試練というべきなのだと思います。

「われらを試みに合わせず悪より救い出したまえ」と祈らざるを得ないものが本来の試練であって、その意味で神様はいわばイエス様を無理やりに荒野に追いやって、悪魔の試みに会わせられたのであります。

この世界には、私たちがまさに経験しているように、十一年前の３・11東日本大震災、コロナ・パンデミック、そしてウクライナ侵攻といった、まさに荒れ野のような殺伐とした世界が広がっています。そういう世界に送り出され、追い込まれたというのが主の誘惑にあわれたということです。しかもイエス様は四十日間そこにとどまられました（13節）。四十日とは聖書がよく用いる象徴的な数字で完全数です。つまり、これはただ四十日間というだけではなく、まさに主イエスの全生涯が荒れ野の誘惑の中にあり、私たちは主イエスのサタンとの戦いは十字架の死に至る最後まで続いていたと理解すべきだと思います。

マルコは13節で荒れ野の試練をこう書いています。「イエスは四十日間そこにとどまり、サタンから誘惑を受けられた。その間、野獣と一緒におられたが、天使たちが仕えていた」。それにしても野獣とは何をあらわしているのでしょうか。荒野の獣、それは人間を脅かす存在で悪魔の使いなのだという解釈があります。そうしますと、何かイエス様がみ力をふるって悪魔を追い出して、悪魔に勝利したというよりは、たとえそこに悪魔がいたとしても、そこには御使たちもいてイエス様を守っている、神様が共にいてくださる、そのようにして私たちもサタンに勝利するという事になります。

こうしてイエス様がここで悪魔に勝利したのは、結局はご自分があくまで神様に信頼するという姿勢を貫かれたことによって、悪魔に勝利しているのだと言おうとしているようです。

ところでこの荒れ野の誘惑の直前、主がナザレからおいでになり、洗礼者ヨハネから洗礼を受けられた場面の様子はとても不思議で劇的なものでした。主が水の中から立ち上がると、天が裂け、「あなたはわたしの愛する子、わたしの心に適う者」という天の父の声が響きわたりました（9－11節）。この時の主は実に光り輝くばかりです。

しかしそれに続くこの誘惑の記事はどうでしょうか。急転直下、まるで谷底に落とされたような場面ではないかと思います。「〝霊〟はイエスを荒れ野に送り出した」、「サタンから誘惑を受けられた」とありますが、それは一言で言えば、主が何のためにこの世に来られたのか、その使命を明らかにするためだと言えるのではないでしょうか。結論から申しますと、主が来られたのはサタンの誘惑と戦うため、あるいはサタン自身との戦いが生涯にわたって繰り広げられるためであったと言わざるを得ません。ヨハネの手紙一3章8節に「悪魔の働きを滅ぼすためにこそ、神の子が現れたのです」とあるとおりです。

この世界は誘惑に満ちています。誘惑とは様々な形があろうかと思います。食物、着物、お金、名誉といった対象をめぐる誘惑もあれば、あまりにも自分に頼ったり、人に頼ったり、あるいは人を疑い、神様をも疑うといった精神的・心理的な誘惑があります。ひとつにはそのような誘いにもろい私たちのために、主は誘惑にあわれなければなりませんでした。そして事実イエス様がここでご自分があくまで神様に信頼するという姿勢を貫かれたことによって悪魔に勝利を遂げることができたのでした。

招きの言葉でローマの信徒への手紙8章31–32節を読みました。「もし神がわたしたちの味方であるならば、だれがわたしたちに敵対できますか。わたしたちすべてのために、その御子をさえ惜しまず死に渡された方は、御子と一緒にすべてのものをわたしたちに賜らないはずがありましょうか」。この後、讃美歌二六六番（讃美歌21・四五五番）を歌いますが、作詞者はパウル・ゲルハルト（1607-1676）というドイツのルター派の牧師です。パウル・ゲルハルトはルター以後最大の讃美歌詩人と言われる人ですが、あのクリスマスの讃美歌一〇七番『まぶねのかたえに我は立ちて』と、受難の讃美歌一三六番『血潮したたる主のみかしら』の作詞者と言ったほうが馴染みがあろうかと思います。

讃美歌二六六番の日本語の歌いだしは「この世はわれにさからうとも」です。しかし、ドイツ語の詩のほうは「もし神がわたしの味方であるならば」とあるように、ローマの信徒への手紙の8章をそのまま讃美歌にしたものです。原詩のほうは全部で15節もあって実に長大ですが、この詩の特徴は、各節に必ず「私」がくりかえされるところにあります。「私の神」「私の救い」「私の洗い」「私のため」「私を離さない主の愛」「私の歌」等々。要するに、ゲルハルトはそれまでの客観的な神の御業を歌う共同の賛美に対して、初めて「私」の信仰の歌を歌ったのでした。

この人は1607年の生まれで、1618年、三十年戦争が始まっていますから、若いときに悲惨な暗い戦争の時代を過ごした人です。これが彼の人生に大きな影響をもたらします。あの時代、すべての人が飢えと病と死に直面し、前世に絶望しあの世に救いを求め、神にすがるしかありませんでした。そのような人々の心の奥底に響いたのがパウル・ゲルハルトの歌でした。個人の救いを求める悲痛な叫びに応える歌が求められていたのです。

パウル・ゲルハルトの時代から四百年近くがたちますが、現代世界はなお疫病や戦火による苦難がやむことがありません。無実で無防備な人々が日々殺されるという現実のなかで、「お前の神はどこにいる」(詩編42編11節)という声も聞こえてまいります。勢い私たちの信仰の確信も揺らぐような思いをいたします。しかし、私たちが主と仰ぐキリストは、暴力の犠牲者として十字架に釘付けされたお方です。しかもそれで終わってしまったのではなく、キリストは神様によって新しい復活の命として甦らされ、義とされたのです。それ以来、十字架は暴力に対する抗議であり、それはまた神様が犠牲者の側にお立ちになって、彼らとご自身を同一視しておられるしるしなのです。

イエス様は「荒れ野」で〝霊〟に導かれながら悪魔の誘惑を受けられたのでした。私たちにとっては「荒れ野」は「この世」ないし「日常世界」です。しかし、よく考えてみると、イエス様がおられた「荒れ野」はこのあと8章などみますと、四千人に食べ物を与えるシーンがあって、そこは群衆を養われた場所でもありました。そのように考えますと、私たちにとっても「荒れ野」は、イエス様によってみ言葉と聖餐に与る教会のことでもあると言えます。イエス様がおられるところ、そこはイエス様がおられるがゆえにもはやそれまでの荒れ野ではないということなのです。

ルカによればイエス様は「荒れ野の誘惑」の後、「〝霊〟の力に満ちてガリラヤに帰られた。」(ルカによる福音書4章14節)と書かれています。私たちも毎週、日曜日、霊によって教会という荒れ野に導かれ、祈り、「霊の力に満ちて」自宅へと、生活の場へと帰っていくのではないでしょうか。教会で豊かな霊の力を神様から頂いて、たとえ悩み多いこの世でも、その主の霊というナビゲーターに導かれて、確かな歩みをして行きたいと願います。今年の受難節もまた豊かな霊の導きによってお互いに十字架の主キリストの教会に相応しい教会の歩みを新たにしたいと思います。

〈お祈り〉イエス様は罪の人間とこの世界のために、悪魔の誘惑に打ち勝ち孤独の極致である十字架の上で、たったおひとりで神様の怒りを引き受けられました。その独り子としての従順ゆえに、神様は主をよみがえらせ、その赦しと和解の力によって私たちが生かされていることに感謝申し上げます。どうか上よりの力により、時を得てもいなくても大胆に福音を証ししていくことができますように。ウクライナをめぐる争いを顧みて、あらゆる手立てを尽くしてすみやかな停戦、そして人道的支援の手が差し伸べられますように。ただいまご病気や様々な事情によって困難な日々を過ごしておられるおひとりおひとりを、どうかこの日あなたが傍らにお立ちくださり、癒しと励ましを与えてください。

（2022年3月13日、受難節第2主日礼拝）

苦しみもまた喜びとし

コロサイの信徒への手紙1章21―29節

明日10日は「スポーツの日」の祝日です。スポーツと信仰というと一見結びつかないような感じですが、使徒パウロはその手紙の中でしばしば「競技場で走る」、「空を打つような拳闘はしない」、あるいは「朽ちない冠」といったスポーツの比喩を用いて信仰について説明しています。おそらくパウロの時代、地中海の古代都市においてはギリシアのオリンピックに類似したスポーツの祭典が行われていたのだと思います。

今日はそのような古代都市のひとつであるコロサイの教会、その信徒に送られた手紙が与えられました。かつてコロサイは小アジア半島のフルギア地方にある都市でした。現在はトルコの中西部に位置しており、今の町の名前は「ホナズ」と呼ばれているそうです。パウロの時代には多くのユダヤ人が住んでおり、東西交通路の重要な道路として栄え、新約の時代は繁栄していました。ただ他の都市が政治・経済の中心と栄える中、コロサイは取り残されていきました。一説には大地震による災害のせいではないかとされています。

使徒言行録を見ても使徒パウロがここに直接立ち寄ったことは書かれていません。コロサイの教会はパウロによってではなく、パウロの協力者エパフラスによって福音がもたらされたようです。驚くことにパウロはここでまだ見ぬ人たちのためにどれほど労苦して闘っているか、その心情をあらわにしています。「わたしが、あなたがたとラオディキアにいる人々のために、また、わたしとまだ直接顔を合わせたことのないすべての人のために、どれほど労苦して闘っているか、分かってほしい。」（2章1節）。しかも、これらの手紙を書いたのは獄中からだった（コロサイの信徒への手紙4章10節）といいますから、読み手であるコロサイ教会の人々もさぞパウロの熱い思いを感じたのではないかと思います。

今日の箇所でとりわけ印象深いのは、パウロが24節前半で「今やわたしは、あなたがたのために苦しむことを喜びとし」と書いていることです。「苦しむことを喜びとする」。私たちの感覚からすれば、ふつう苦しみは望まないものであり、むしろ苦しみは喜びを失わせるのではないでしょうか。

いずれにしても「今やわたしは、あなたがたのために苦しむことを喜びとし」という言葉から、コロサイの教会を愛してやまないパウロの思いが伝わってまいります。「苦しむことを喜びとする」と語るパウロですが、彼はさらにこう続けています。「キリストの体である教会のために、キリストの苦しみの欠けたところを身をもって満たしています」（24節後半）。「キリストの苦しみの欠けたところを身をもって満たす」というのは何とも不思議な表現です。分かりにくい感じもいたしますが、いずれにしてもパウロはこの時、自分の苦しみをキリストの苦しみと結びつけていたことは確かだと思います。

一方にキリストご自身の苦しみがあります。そして他方、パウロがキリストの苦しみを満たしているという苦しみがあるわけですが、この二つを対比してみるとどうなるでしょうか。まず「キリストの苦しみ」と聞くとすぐに思い浮かぶのは十字架です。私たちの罪のために負ってくださったキリストの苦しみ、罪の贖いのための苦しみです。罪の贖いの苦しみは唯一のもの、キリストにおいて全うされているのであって、そこにパウロでさえ入り込む余地はありません。キリストは独りですべての人の罪を負われ、独りで父なる神様の裁きを受けられました。罪の贖いの御業は、完全にキリストの御業なのであって、それはパウロをもってしても入る余地のない苦しみでした。

そうだとすると、ここで言われるパウロの苦しみとはどういうものでしょうか。「キリストの苦しみの欠けたところ」を満たしているとのべるパウロです。その苦しみとは簡単に言えばキリストの体である教会のため、すなわち宣教のための苦しみでありました。パウロは自分の労苦をこう語ります。「このキリストを、わたしたちは宣べ伝えており、すべての人がキリストに結ばれて完全な者となるように、知恵を尽くしてすべての人を諭し、教えています。このために、わたしは労苦しており、わたしの内に力強く働く、キリストの力によって闘っています」（28－29節）。

ここから明らかなようにパウロの苦しみは「すべての人がキリストに結ばれて完全な者となる」ため、つまりキリストを宣べ伝えるがゆえの苦しみです。つまり、宣教のための労苦であり闘いなのです。この手紙は獄中から書かれたいわゆる獄中書簡ですが、パウロは宣教のゆえに投獄されたのです。彼は人々を愛し、教会を愛し、神の言葉を伝えるために生涯にわたってキリストを伝えるために苦しみを負ってきました。パウロだけではないでありましょう。

教会の歴史のなかでキリストの苦しみを苦しんだ人たち、自分自身を献げて労苦した人たちがいました。だからここに私たちの教会が立っているのであって、だからそれを受け継ぎ今もなおキリストが宣べ伝えられていると言わなければなりません。そう考えると私たちの現在は、いわば遺伝子（DNA）のように「キリストの苦しみ」によって貫かれ、成り立っているのです。そのようにして、キリストは「私たちの内におられるキリスト」となられたのです。

河野進《こうのすすむ》（1904-1990）という牧師で詩人の方がおられました。和歌山県のお生まれですが、戦前は満州にて過ごされ、岡山の玉島教会において牧師となった方です。有名な賀川豊彦牧師との出会いにより、岡山ハンセン病療養所での慰問伝道をすすめられ、五十年以上たずさわられたのですが、そのご体験をもとに多くの詩作を続けてこられました。最初の詩集『十字架を建てる』は１９３８年にさかのぼりますが、いくつかの作品を見ますと、河野牧師は病に苦しむ人々の中に働いている強い信仰を見ているのが分かります。その一つに「病まなければ」という詩があります。

「病まなければ、ささげ得ない祈りがある。
病まなければ、信じ得ない奇跡がある。
病まなければ、聞き得ない御言葉がある。
病まなければ、近づき得ない聖所がある。
病まなければ、仰ぎ得ない御顔がある。
おお、病まなければ、私は人間でさえもあり得ない」。

パウロは「苦しむことを喜びとする」と語りましたが、そこでもなおキリストに従うためには何が大事かを書いています。「ただ、揺るぐことなく信仰に踏みとどまり、あなたがたが聞いた福音の希望から離れてはなりません」(23節)。またこうも述べています。「このキリストを、わたしたちは宣べ伝えており、すべての人がキリストに結ばれて完全な者となるように、知恵を尽くしてすべての人を諭し、教えています」（28節）。「完全な者」とは「欠陥がない」という意味ではなくて、むしろ「成熟した大人」を意味する言葉です。大切なことは信仰に踏みとどまることであり、そして、キリストにあって成熟を目指して進むことです。

パウロは今日の手紙で「苦しむことを喜びとする」と普通では相容れないことを語っています。同じように、河野進牧師は不幸と感謝を結び付けてこう歌っています。

「天のお父さま　どんな不幸を吸っても
はく息は感謝でありますように
すべては恵みの呼吸ですから」

私たちの現実はしばしば辛く苦しく悲しいことの連続なのだと思います。それでも私たちは聖霊という神様の息を与えられ、それを吸って生かされている存在です。私たち信仰者はそこに神様の愛の働きを信じるがゆえに、頂いた息を今度は感謝の祈りとして神様にお捧げるということなのだと思います。不幸と感謝はもはや不等式でなく等式として結ばれております。なぜなら私たちのために苦しみを負ってくださったキリストのお恵みがそこにあるからです。

パウロは最後に「わたしの内に力強く働く、キリストの力によって闘っています」と書いていました。「闘っている」と訳された表現は、「競技する」（コリントの信徒への手紙一9章25節）と訳すこともできる表現だといいます。パウロはこのとき、コロサイの人々をだまそうとする偽のキリスト教や他の宗教の人々との闘いの日々を過ごしておりました。しかし、パウロの内にはキリストご自身が誰より「力強く」働いているため、それらに負かされることはないと確信し、平和が与えられているというのです。この力強く働くキリストが私たちの内にもまたいてくださいます。この方こそ「栄光の希望」です。そして、今度は私たちが宣教の労苦を担い、キリストの苦しみの一部を満たしていく、そのような歩みを続けてまいりたいと思います。

〈**お祈り**〉私たちは神様によって永遠の希望に生きる者、み国を受け継ぐ者とされ、神様のお守りのうちに愛と赦しによって生き始めたものです。その救いの実現は未来であるにしても、既に救いを受けているとの確信を持って、福音の信仰に固くたって歩むものとしてください。どうかこの地に建てられた田園都筑教会にいつも十字架と復活の主がたちたまいて、主の苦難にあずかる共同体として、自分の十字架を負いつつ、主に従って行く群れとして歩めますよう切にお願いいたします。（２０２２年10月9日、神学校日・伝道献身者奨励日礼拝）

主は生きておられる

ルカによる福音書24章1―8節

今日、私たちは主イエス・キリストのご復活をお祝いするためにこの教会に集められております。世々のキリスト者は二千年以上前から「死人のよみがえり」という、受け取りようによってはありえないと思われるこの出来事を、欠かすことのできない信仰告白の一項目としてはばかることなく告白し続けてきました。主のご復活、それは私たちに先立って聖書が証している事柄ですが、私たちはこうして今年のイースター礼拝に「主は生きておられる」と告白し、そのことを通してキリストとの生きた交わりが続いているのです。

ただいまルカによる福音書24章から最初の復活の物語を読みました。安息日が明けた日曜日の朝早く、まだ暗い中を、婦人たちは香料を持って墓に急ぎました。墓には大きな石のふたがしてあり、番兵もついているはずです。墓に行っても、中に入れるかどうかわかりません。それでも婦人たちは急ぎました。ところが墓に行くと、石のふたは既に開けられてあり、番兵もいず、中には遺体もありませんでした。彼女たちは愛する方を奪われた悲しみの中で、せめて遺体を洗い清めることによって慰めたいと願って墓に来ましたが、その遺体が見当らないのです。婦人たちは困惑し、すっかり途方にくれてしまいました。するとその婦人たちの前に、「輝く衣を着た二人の人がそばに現れた」というのです。婦人たちが恐れて地に顔を伏せると、二人は言いました。「なぜ、生きておられる方を死者の中に捜すのか。あの方は、ここにはおられない。復活なさったのだ」（5－6節）。

婦人たちは何のことかわかりません。二人はなお続けます。「まだガリラヤにおられたころ、お話しになったことを思い出しなさい。人の子は必ず、罪人の手に渡され、十字架につけられ、三日目に復活することになっている、と言われたではないか」（6－7節）。

こうして8節には「そこで、婦人たちはイエスの言葉を思い出した」とあります。空っぽの墓を見て、途方にくれていた婦人たちでしたが、イエス様の言葉を思い出すことを通して、イエスが復活されたことを、今知らされることとなったのです。

思い出すと言えば、私は毎年イースターの時期になるとベルリンの牧師で神学者だったディートリヒ・ボンヘッファーという人を思い出します。ボンヘッファーは1945年4月9日、今日がまさに命日にあたるわけですが、ドイツはレーゲンスブルク近くのフロッセンビュルク強制収容所で処刑されました。処刑に至った直接の理由は、ユダヤ人虐殺をはじめ当時暴虐の限りをふるっていたヒトラー体制を転覆させるという軍事クーデター計画に加担したことによります。独裁権力による理不尽な死はわずか39歳でやってきました。しかし、20世紀のプロテスタントの神学者のなかで、彼ほど教会や社会に大きな影響を与えた人はほとんどいません。ボンヘッファーの残した著書とその市民的勇気ゆえの殉教ともいえる死は、ドイツの国境をはるかに超えて注目を与え続けています。

ボンヘッファーは１９４３年4月から2年近く秘密警察・ゲシュタポによって獄中につながれることになるのですが、彼の獄中からの手紙が奇跡的に残されております。その中に10篇のいわゆる獄中詩も含まれており、そのひとつが後に「良き力に不思議に守られ」という賛美歌となりました。私たちの『讃美歌21』には四六九番「よき力にわれかこまれ」として、「信頼」という分類の中に置かれ、おもに年末年始の時期に歌われるようになりました。ゲシュタポに連れていかれたら二度と生きて戻って来られないと言われていた時代、ボンヘッファーはまさにその極限状況に置かれてしまったのです。しかし、この詩が伝えている内容は、むしろ不思議と「良き力」に守られているという現実でした。そしてその詩に添えられた手紙のなかで、自分は「一瞬たりとも、見捨てられているとかいう思いを味わったことはない」と書いています。ではその「良き力」とは何か、その秘密について彼は１９４４年12月19日、折からクリスマスの季節、離れ離れの境遇を覚えつつ婚約者のマリーア・フォン・

ヴェデマイヤーに送った手紙の中でこう書いています。

「それでも僕は、絶えず繰り返し、自分の身のまわりが静寂になればなるほど、君たちみんなとの結びつきをますます強固に感じるようになってきています。……ですから、僕はまだ一瞬たりとも、ひとりぼっちだとか、見捨てられているとかいう思いを味わったことはありません。君、僕の両親、君たちすべて、さらには戦場にいる友人たちや僕の学生たちさえも、つねにありありと僕の眼前に存在しているのです。君たちの祈りや優しい配慮、聖書の御言葉、とうの昔に交わした会話、さまざまな音楽作品や書物、こうしたものがことごとく、以前とはまったく比べものにならないほどに、生命とリアリティーを獲得します。それは、一つの偉大な見えざる王国であり、その中で僕は生きているのであって、そのような王国が現実に存在しているということには、いささかの疑念の余地もあり得ないのです。」（『ボンヘファー／マリーア　婚約者との往復書簡』1943-1945』）

彼は獄中の限界状況にあっても見えない「良き力」に守られていることを感じて持ちこたえることができました。彼の語る「良き力」とは、婚約者であり、両親や家族、学生や友人といった人々との交わり、その祈りや配慮ですが、ほかにも聖書のみ言葉や書物や音楽といった、それこそ神様から賜わるすべての良いものを指しているのだと思います。

聖書の御言葉も講壇から語られる説教も確かに聞くだけでは単なる言葉です。しかし、自分の人生のある時点で、そのきっかけは苦難や挫折、病や事故、また死さえもあるかもしれませんが、神様の御言葉を思い出し、それに聴き従って生きてみようと思った時に、その人のなかに神様が生きて働き始めます。主の遺言を通してすべてを思い出した婦人たちは、もはや途方に暮れたままではおりませんでした。彼女たちはまさに生き返ったように喜びにあふれ、この知らせを弟子たちに知らせるために墓をあとに急ぎました。

ルカ24章の婦人たちの置かれた現実は、愛するイエス様が無残な十字架の死を遂げられた様を目の当たりにし、その遺体さえも無くなっている絶望的な状況です。そのような状況の中で神様は「思い出しなさい」と語られ、不思議にもこのお言葉を契機に状況はまったく変わるのです。イエス様の墓の前でいったんは途方に暮れてしまった婦人たちでしたが、復活の主イエスに出会い、悲しみは喜びに変わり、新しい命に生き始めました。

今日の招きの言葉にコリントの信徒への手紙 二4章からお読みしました。「わたしたちは、四方から苦しめられても行き詰まらず、途方に暮れても失望せず、虐げられても見捨てられず、打ち倒されても滅ぼされない。……主イエスを復活させた神が、イエスと共にわたしたちをも復活させ、あなたがたと一緒に御前に立たせてくださると、わたしたちは知っています」(8－9節、14節)。

イエス様は今もなお、私たちとの愛の交わりを通して共にいてくださいます。神様は私たちと共におられる。十字架で死なれたイエス様は死から復活された。神様がイエス様を復活させてくださった。そして私たちをも復活させてくださる。この信仰がある限り、四方から苦しめられても、途方に暮れても、虐げられても、打倒されても、どのような状況の中でも行き詰まらず、失望せず、見捨てられず、滅ぼされず、私たちは立ち上がることが出来ます。

先ほど触れましたボンヘッファーですが、1945年4月9日、ついに最後の時がやってきました。その処刑の前日、彼はフロッセンブルクの同じ獄に繋がれていた人達に頼まれて礼拝をいたしました。その日は復活祭の次の日曜日、つまり復活後第一主日にあたっていました。その日読まれた聖書はペトロの手紙 一1章3－4節でした。「わたしたちの主イエス・キリストの父である神が、ほめたたえられますように。神は豊かな憐れみにより、わたしたちを新たに生まれさせ、死者の中からのイエス・キリストの復活によって、生き生きとした希望を与え、また、あなたがたのために天に蓄えられている、朽ちず、汚れず、しぼまない財産を受け継ぐ者としてくださいました」。彼はその礼拝の後で呼び出され、翌日処刑されたのですが、皆と別れるとき「これが最期です。わたしにとっては生命の始まりです」と言い残したことが伝わっています。それはまさにあの二人の天使たちが告げた「イエスは生きておられる」という復活信仰の表れではなかったでしょうか。

主イエス・キリスト、この方こそ神様への愛と隣人への愛を、本当に最初から最後まで生き抜かれ、貫き通された方でありました。その方が甦られた、それこそが私たちの復活信仰の核心であり、それこそが復活信仰の力です。イエスは主なりと告白することは、イエス様が今も生きておられることを信じることであり、私たちが授かった主の洗礼・バプテスマは復活を自分の出来事として体験することです。この世界の只中で、人と人とのかかわりの中で、そして私自身の中で、イエス様は共に生きて働いておられます。これこそ最初期のキリスト者がもった確信であり、私たちはこのイースターの確信を受け継いでこの地で宣教のわざへ、また奉仕のわざへと送り出されてまいりたいと思います。

〈**お祈り**〉イエス様は私たちの罪のために、それを代わりに背負って罰を受けてくださるために十字架におかかりになりました。しかし神様はそのまま捨ておかれることなく、死人の中より甦らせ、それによって私たちの死の恐怖は克服され、また永遠の生命の約束も与えられました。その幸いに深く感謝いたします。どうかその大きな喜びに溢れて、それを証しする生活を、家庭や、遣わされて行く職場、地域社会で送ることができますように。世界が争いの状態から救い出され、お互いが赦し合うところとなりますように。

（2023年4月9日・イースター主日礼拝）

主よ、共に宿りませ

ルカによる福音書24章25―35節

先週、私たちは主のご復活をお祝いし、喜びをもって新しい年度をはじめることができました。本日与えられたルカによる福音書には、エマオ途上で復活の主がご自身を二人の弟子たちに現される場面が美しく描かれています。まさに絵になる場面といえるわけですが、実際イタリアのカラヴァッジョ（1571-1610）やオランダのレンブラント（1606-1669）といった巨匠が名作を残しています。またこのあと歌います讃美歌21二一八番『日暮れてやみはせまり』（Ⅰ編三九番『日くれて西方《よも》はくらく』）は、今日の聖書、ルカによる福音書24章29節「一緒にお泊まりください」がもとになった讃美歌です。このオリジナルは『Abide with me』（アバイド・ウィズ・ミー＝私と共にいてください）という讃美歌です。スコットランドの聖公会司祭ヘンリー・フランシス・ライト（Henry Francis Lyte, 1793-1847）により、１８４７年、彼の死の直前に作詞されました。歌い継がれてきた曲の成立は１８６１年、イギリスのウィリアム・H・モンクというオルガニストによる作です。

この19世紀を代表する讃美歌は、英語圏で最も愛される夕べの讃美歌として今に至っています。多くのプロテスタント教会や、カトリックの聖歌集にもおさめられていますから、国境、言語、教派を超えたエキュメニカルな讃美歌のひとつと言えます。

この復活物語のストーリーは大づかみに言えばこうなると思います。十字架の出来事から三日目、二人の弟子が徒労と失望と苦い裏切りの記憶の中でエマオへと向かっておりました。そこで復活のキリストと出会うのですが、最初はそれがイエス様だと気づかずにおります。しかし、最後に遮《さえぎ》られていた目がひらけて主イエスとわかり、方向転換が起こります。彼らは今度は喜びと感謝の中にエルサレムへと戻ってゆくのです。彼らがどのように失意の中から立ち上がり、復活のキリストを宣べ伝える者に変えられていったか、その変化が示されている点でも印象的な場面です。

どの復活物語も空の墓について伝えていますが、ルカによる福音書の特徴は、復活の主が最初にご自身を現されたのがエルサレムではなくてエマオ途上だったということでした。地理的にエマオはエルサレムよりも十一・五キロメートル（六十スタディオン）ほど離れた場所であったと推定されます。そしてマグダラのマリアとか女性に次いで、しかも十二弟子ではなくそれ以外のクレオパという弟子ともうひとり無名の弟子とが登場、彼らに最初に現れたのでした。クレオパという名前はここにしか出てきませんが、あるひとはヨハネによる福音書19章25節の「イエスの十字架のそばには、その母と母の姉妹、クロパの妻マリアとマグダラのマリアとが立っていた。」に注目し、そこからクロパとはクレオパであって、この二人はクレオパ夫妻である可能性が高いとしています。

この二人の弟子たちは、はじめ復活の主と出会ったときにそれがイエス様であることが分かりませんでした。16節、17節にこうあります。「しかし、二人の目は遮られていて、イエスだとは分からなかった。イエスは、『歩きながら、やり取りしているその話は何のことですか』と言われた。二人は暗い顔をして立ち止まった」。十字架の上に死んだ人間が生き返るなどにわかに信じられませんが、それだけではなかったと思います。彼らの心は深い悲しみに閉ざされていたことがここでは強調されています。エルサレムからエマオへの道行きというのはそのようにたいへんに暗く重たい旅路でした。二人の歩みが陽の沈む西に向かっているように、彼らの気持ちもまた失意に満ちていました。失望感と挫折感、なんともいえない悲しみに満ちていたのです。自分の人生の目的や向かうべき方向すら見出せないような、そんな思いに満たされていただろうと思います。

私たちもまた表面では何事もないように過ごしていても、この二人の弟子たちと同じような思いで過ごす時があります。何をやってもうまくいかないし、悪い時には悪いことが重なるものです。「弱り目に祟《たた》り目」という言葉もありますが、不幸というのは、どうも次々と重なってくるような気がします。二人の弟子たちは、そんな時の私たちの思いを象徴的に言い表しています。

椎名麟三《しいなりんぞう》（1911-1973）という作家がおります。幼少より貧困のうちに育ち、さまざまな職場を転々としなければならず、とりわけ戦時中は過酷な思想的弾圧を経験した方でした。戦後、赤岩栄という牧師に出会いキリスト者となったのですが、ご自分がクリスチャンになった時のことを度々書いておられます。生活も苦しかったし、なかなか思うように生きることができなかったころ、聖書を読んでもよくわからないし、イエス・キリストや救いということも信じられなかったといいます。そんなある夜、真剣になって聖書を読み始められたのです。しかし、よくわからない。ただ、わからないままに読み始め、とうとう、夜明けまで読み続けられたそうです。そして、この『ルカによる福音書』の「エマオ途上の物語」に来ると朝陽が差してきた。その朝陽が、雨戸の節穴を通って、ちょうど15節の「イエス御自身が近づいて来て、一緒に歩き始められた」という言葉の上に差し込んできた。雨戸の節穴からの一筋の光がその言葉を照らした時、「あぁ、これだ。これだ」と思われたのだそうです。どんな時でも、どんなにうまくいかない時でも、「自分と一緒に歩いてくれる人がいる。それが復活だ」。そう思うと、なんだか肩の荷が軽くなり、その日のうちに教会に行き、洗礼を受けるようになった。そういうことを書いておられました。自分と一緒に歩いてくれる人がいる。たとえ、それが悲しみの道であれ、死の床であれ、人間にとってこれほど大きな励ましはないのではないでしょうか。

冒頭、讃美歌21 二一八番「日暮れてやみはせまり」について少し触れましたが、日本で長年親しまれてきた「主よ、ともに宿りませ」のフレーズは今日の聖書「一緒にお泊まりください」から来ています。作詞者であるヘンリー・F・ライトは1814年、英国国教会《えいこくこく》の司祭となり、24年間にわたりデヴォンシャーの教会で仕えました。晩年は肺結核のため体調を崩し、冬季はフランスのニースに転地療養するのを常としていました。しかし、ライトは死期の近いことを悟ったのでしょうか、1847年9月4日の日曜日、告別説教を行い、聖餐式を執行し、その夜この讃美歌を書き上げたといいます。

とくに4節「死のとげ　いずこにある。死のちから　せまるとも、主に依れば、恐れなし。主よ、ともに宿りませ。」は招きのことばでお読みしたコリントの信徒への手紙一15章54－55節「死は勝利にのみ込まれた。死よ、お前の勝利はどこにあるのか。死よ、お前のとげはどこにあるのか。」がもとになっています。ライトは死への勝利と復活の信仰を力強く歌っています。

『賛美歌・聖歌ものがたり』（創元社）で有名な大塚野百合さんは、この「主よ、ともに宿りませ」「一緒にお泊まりください」の、「泊まる」の原詩の用語「アバイド abide」に注意を払うように言っています。この語の意味はただ単に「一時的に泊まる」ということではなく、「常時住む」のだといいます。そして原詩には省かれてしまっている第3節は、直訳によればこうなると言います。「私が求めるのは、主よ、私を一べつし、ひとことかけて去られるのでなく、み弟子たちと一緒に住まわれたように、親しく、身を低くし、忍耐をもって自由に交わってくださることです。一時的滞在でなく、一緒に住んでくださること、〈アバイド〉してくださることです」。

本日のエマオの物語は、私たちもまた聖書を語り合うとき、そして主イエスの出来事を思い起こす時「イエス御自身が一緒に歩まれる」ことを伝えています。彼らはエマオにはゆかず、エルサレムにとって返します。復活の主が共におられるという驚きと喜びのうちにエルサレムへと向かいました。直前まで、暗く、重く、苦い思いの内にエマオへと向かっていたのと対照的です。復活のキリストと出会うということはそのような変化を私たちに与えるのです。復活の主が私たちの人生の中に新たに喜びを創造してくださるといってもよいかもしれません。今日の物語の最後の部分にはこうあります。「そして、時を移さず出発して、エルサレムに戻ってみると、十一人とその仲間が集まって、本当に主は復活して、シモンに現れたと言っていた。二人も、道で起こったことや、パンを裂いてくださったときにイエスだと分かった次第を話した」（24章33−35節）。
　こうして弟子たちは復活の証人となってその働きは使徒言行録へと続いてゆくこととなります。主の御名によって罪の赦しに至らせる悔い改めが、エルサレムから始まってすべての国民に宣べ伝えられます。つまり、死は終わりではなく、実に新しい始まりであったのでした。悲しみで終わるかに見えた彼らの人生は感謝と賛美へと変えられ、再び生き始めることができたのです。聖書はそれと同じことが私たちにも起こると伝えています。イエス様を「一緒に住んでください」と心からお迎えし、主に自分をゆだねるとき、私たちもまた復活の主にお会いすることができるのです。

〈**お祈り**〉復活の主よ、あなたのよみがえりのゆえに、教会もそしてまたわたしたちも希望と目標を持って生きることを許されていることを感謝いたします。エマオの途上において復活の主ご自身が最初の弟子たちの目を開かせてくださったように、いまどうかわたしたちの心の目を開いてください。そして、わたしたち自身の目標にとどまらず、イエス様の向かうその目的地がなんであるか、そこに私たちの思いを向けて、どうかエマオから始まる道を歩み続ける教会、神さまのご意志とご計画を悟るように導いてください。

（２０２３年４月16日、復活節第２主日礼拝）

開かれた洗礼と救いへの道

使徒言行録8章26―38節

ペンテコステの日にエルサレムに最初の教会が誕生しますと、教会の群れは次第に成長していきます。そして群れの成長と共に十二使徒たち以外にそこにステファノやフィリポといったギリシア語を話す弟子たちが活動を担うようになります。ところが、ユダヤ教の指導者たちは民衆を扇動してステファノを殺し、それを契機にエルサレム教会に対する迫害が始まりました。8章1節にこうあります。「その日、エルサレムの教会に対して大迫害が起こり、使徒たちのほかは皆、ユダヤとサマリアの地方に散って行った」。

しかし、使徒言行録はそのような迫害を受けつつも、いやむしろ弟子たちが散らされながらも福音を携えていったことを伝えています。使徒言行録8章にはフィリポという伝道者が登場します。彼は十二使徒のフィリポとは別人ですが、使徒たちによってエルサレム教会の執事に選ばれた、ギリシア語を話すユダヤ人の七人の弟子の一人でした。

今日の物語の前の8章12節に「しかし、フィリポが神の国とイエス・キリストの名について福音を告げ知らせるのを人々は信じ、男も女も洗礼を受けた」。こうありますように、聖書はこの異邦の地サマリアにて新しい教会が生まれたことを物語っています。生まれたばかりの教会ですから、彼らはまだまだフィリポを必要としていたに違いありません。ところが神様はそこでフィリポの働きを中断させ南へと向かわせます。神様のなさろうとされることは道理に合わないように見えます。

考えてみますとこれに似たようなことは私たちにも何がしか覚えがないでしょうか。有意義と見えることが順風満帆に進んでいる時に思いがけなく中断させられることがあります。神様、なぜですかと問いたくなるような回り道をさせられることがあるのです。フィリポにしてもその時、神様が何を意図しておられたか分からなかったのでしたが、彼はやがてその時、その道をエチオピアの高官が通過することを知らされることになります。

27節にこうあります。「フィリポはすぐ出かけて行った。折から、エチオピアの女王カンダケの高官で、女王の全財産の管理をしていたエチオピア人の宦官《かんがん》が、エルサレムに礼拝に来て、帰る途中であった。彼は、馬車に乗って預言者イザヤの書を朗読していた」(27－28節)。その人物こそフィリポが出会うべき人でした。その人は馬車の上で預言者イザヤの書を読んでいました。聖霊はフィリポに「追いかけて、あの馬車と一緒に行け」と言いました。フィリポが走り寄ると、朗読する声が聞こえました。「読んでいることがお分かりになりますか」と尋ねると、宦官は言いました。「手引きしてくれる人がなければ、どうして分かりましょう」。そして、馬車に一緒に乗ってそばに座るようにフィリポに頼みます。フィリポは馬車に乗り込みました。

その人が朗読していたのはイザヤ書53章でした。「彼は、羊のように屠り場に引かれて行った。毛を刈る者の前で黙している小羊のように、口を開かない。卑しめられて、その裁きも行われなかった。だれが、その子孫について語れるだろう。彼の命は地上から取り去られるからだ」（32－33節）。宦官はフィリポに尋ねました。「どうぞ教えてください。預言者は、だれについてこう言っているのでしょうか。自分についてですか。だれかほかの人についてですか」（34節）。

どうして宦官はそれほどまでにその答えが気になったのでしょうか。それは預言者はただ黙々と死んでいく一人の人について語っているのではないからです。彼が読んでいたイザヤ書において、その直前にはこう書かれているのです。「わたしたちは羊の群れ／道を誤り、それぞれの方角に向かって行った。そのわたしたちの罪をすべて／主は彼に負わせられた」（イザヤ53章6節）。神様は彼に私たちの罪をすべて負わせられた。その彼は私たちの罪をすべて背負って死んでいくのです。

このとき宦官が読んでいた聖書は「巻物」の形態です。そこを読んでいるならば、宦官はその前後も当然読んでいるはずです。招きの言葉にイザヤ書56章を読みました。「主のもとに集って来た異邦人は言うな／主は御自分の民とわたしを区別される、と。宦官も、言うな／見よ、わたしは枯れ木にすぎない、と。」（3節）。この宦官はその箇所を自分自身と重ね合わせながら、自分のような宦官もまた救われるという思いで読んでいたはずです。

この宦官は遠くエチオピアから礼拝のためにエルサレムにまで来た人です。その人がどれほど神を求め、信仰を求めていたかがうかがい知れます。無割礼の者は、神殿の中庭に入ることは許されなかったのです。また彼は去勢しているゆえに、子を持つ希望がありませんでした。努力して、財をつくってもそれを継承する者はおらず、彼はまさに「枯れ木」だったのです。しかし、望みが絶たれていたかに見えたこの人は、イザヤ書の中に一筋の光を見たのです。56章3節の後には次のような言葉が続きます。「主はこう言われる。宦官が、私の安息日を常に守り／私の望むことを選び／私の契約を固く守るなら／私は彼らのために、とこしえの名を与え／息子、娘を持つにまさる記念の名を／私の家、私の城壁に刻む。その名は決して消し去られることがない」（56章4－5節）。

異邦人であり、宦官であり、救いの対象にはならないと冷たく拒絶する律法の壁を越えた希望を、彼はイザヤ書の中に見出しました。

フィリポはこのときなぜ神様がサマリアから荒れ野の道へ導かれたのか、そのわけを悟ったのではないでしょうか。既に救いを求め心を開いて待っていた人がそこにいたのです。「そこで、フィリポは口を開き、聖書のこの個所から説きおこして、イエスについて福音を告げ知らせた」（35節）とあります。この人は預言者が誰について語っていたのかを知りました。私たちが罪の赦しを受けるため、代わりに罪を背負って死んでくださった方を知りました。神の備えてくださった出会いの中で、あとは罪の赦しと救いとを受け取るだけでした。宦官とフィリポは水の流れているところを通りかかりました。宦官は言います。「ここに水がありま す。洗礼を受けるのに、何か妨げがあるでしょうか」（36節）。こうして彼は洗礼を受けました。

ここに初めて、ユダヤ人以外の異邦人がクリスチャンになりました。伝承によればこのエチオピア人は国に帰って人々に伝道し、多くの改宗者を得たと言います。今日、アフリカ諸国の多くはイスラム教国ですが、エチオピアだけは古くからコプト教会を形成、キリスト教国でした。高官の改宗が影響しているのかも知れません。「ガザに下る道に行きなさい」という召命を受けてフィリポは従いました。人間的に見れば荒野では何の収穫も期待できません。しかし、神様はこのエチオピア人に福音を伝えるためにフィリポを召し、荒野に遣わされました。まさに神様の思いは人の思いを超えています。

私たちの前に救いの道は閉じていないはずです。しかし私たちの社会を見るとき本当に道は開いているのでしょうか。性的マイノリティーへの理解を広めるためのいわゆる「ＬＧＢＴ理解増進法」が、今月参議院で賛成多数で可決・成立しました。成立まで足かけ7年をかけた法律ですが、当事者のなかには「理解を広める法律ではなく、差別を助長しかねない」と懸念を訴える声もあります。現代社会においても、差別や偏見によって道が閉ざされる様々な要因があるといわなければなりません。

今日の物語の結末は39節です。「彼らが水の中から上がると、主の霊がフィリポを連れ去った。宦官はもはやフィリポの姿を見なかったが、喜びにあふれて旅を続けた」。エチオピアの宦官は救いの道を、エチオピアからエルサレムまで三千五百キロメートル以上の道のりを求めて来ました。しかし気を付けて読みますと、これらすべてを取り仕切ったのは聖霊でした。フィリポをガザの荒野に送ったのも、宦官と出会わせたのも、宦官と主イエスを結びつけさせたのも、洗礼のあとフィリポを消しさったのも、そして宦官を喜びにあふれて旅に送り出したのもすべて聖霊の働きでした。聖霊の働きは人間の力が弱いとき、より強く働くことがわかります。現代の私たちも状況は同じなのだと思います。求める人には希望が与えられます。

今日の物語を題材にレンブラントのような画家が名作を残しています。ここで私の想い出を申し上げますと、それはベルリンで日本語教会を担当していた時期ですが、ホスト教会の礼拝に出席した時のことです。今日の「フィリポとエチオピアの高官」の聖書が読まれドイツの『福音主義教会讃美歌集（Evangelische Kirchengesangbuch）』二四二番を歌ったのですが、フェルスター牧師が、それがスイスの有名な宗教改革者であるツヴィングリ（Huldrych Zwingli、1484-1531）の作詞作曲だったと解説してくれたのです。おそらくチューリヒの宗教改革が深刻な危機に陥っていた１５２５年頃に作詞し、曲を付けたといわれています。歌詞は以下のようなものです。

「一、主よ、今すぐご自分で馬車を止めてください。さもないとこの先すぐに脇道にそれてしまいます。それはあなたを恥知らずにも軽蔑する相手を喜ばせるでありましょう。二、神よ、あなたの御名の栄光が高められますように。邪悪な憤りから守り、これを罰し、あなたを心から愛している羊たちをあなたのみ声にて呼び起こしてください。三、主よ、すべての苦きものが消え去って、かつての忠誠心を再び取り戻し、新しくなるように助けてください。私たちが永遠にあなたに賛美をささげますように」（拙訳）。

ツヴィングリはルターと並んで宗教改革の初期の立役者の一人ながら志半ばにして戦死を遂げた悲劇の人物という印象が強かったのです。その人物の賛美歌がかろうじて一編ながらドイツの賛美歌集にひっそりと収められていたことに感動を禁じ得ませんでした。

（２０２３年６月25日、聖霊降臨節第５主日礼拝）

主において同じ思いを

フィリピの信徒への手紙4章1―4節

どのような組織にも目標があります。ひとはその目標のためにそこに集い、一致し協力して励むものとされています。教会に集まる私たちの共通の目標は何でしょうか。教団の「信仰告白」にはこうあります。「教会は主キリストの体にして、恵みにより召されたる者の集ひなり。教会は公の礼拝を守り、福音を正しく宣べ伝へ、バプテスマと主の晩餐との聖礼典を執り行ひ、愛のわざに励みつつ、主の再び来りたまふを待ち望む」。要約すれば、礼拝、宣教、聖礼典、奉仕、これらを正しく行うことが目標となります。しかし、そういった目標のために、あるいはその他の理由で互いの信頼関係が崩れそうになるときがあります。しかし、教会の交わりにおいては何が重要なのかを、今日の手紙は教えています。「主において同じ思いを抱きなさい」（2節）。この言葉以上の対処法を私たちは知りません。

今日の聖書は「エボディアに勧め、またシンティケに勧めます」とありますように、フィリピ教会の有力な二人の婦人に関わる問題を取り上げています。パウロが書いた手紙の中でもかなり珍しい個所と言うことが出来ます。というのも教会へ宛てた手紙の中で、特定の個人の名前を挙げて、その人に対してこうして欲しい、ああして欲しいと勧めている例はほとんどないからです。2節と3節にこうあります。

「わたしはエボディアに勧め、またシンティケに勧めます。主において同じ思いを抱きなさい。なお、真実の協力者よ、あなたにもお願いします。この二人の婦人を支えてあげてください。二人は、命の書に名を記されているクレメンスや他の協力者たちと力を合わせて、福音のためにわたしと共に戦ってくれたのです」。

エボディアとシンティケの二人はパウロにとっては同労者として重要な人物でした。パウロはこの二人のことを「クレメンスや他の協力者たちと力を合わせて、福音のためにわたしと共に戦ってくれたのです」と記しています。この二人がフィリピ教会の発展のために尽くした働きはとても大きかったことが伺われます。

それだけにパウロは二人の間の対立を教会全体の問題として位置付け、敢えて教会宛ての手紙に二人の個人的な名前を明らかにして、一致を訴えたに違いありません。私たちは意見が対立するとどうしても自分を絶対化してしまいがちです。しかしパウロは「主において同じ思いを抱きなさい」といいます。主イエスのことを思う時に私たちは自分を相対化することができ、同じ思いを抱くことができるのです。キリストがいつも私たちの中心におられることを忘れない。これが重要なのではないでしょうか。

パウロは「真実の協力者」という人に呼びかけています。「なお、真実の協力者よ、あなたにもお願いします。この二人の婦人を支えてあげてください」。「協力者」とは原語では「スズゴス」なのですが、（ともにくびきにつながれている）協働者、仲間、配偶者を意味する言葉です。その人の名前が記されていないのは、パウロとその人の間でも、フィリピの教会員の間でも、そう書くだけでそれが誰か明らかだったからかもしれません。あるいはその人が「スズゴス」という名前の信徒であった可能性もあります。さらにひょっとしたらフィリピの教会員たちにもそれが誰か特定できなかったということも考えられます。そうだとすれば、一人一人が「真実の協力者」として二人の婦人を支えるように。傍観せず、彼女たちと同じくびきに繋がれて、重荷を一緒に担って欲しい、と自覚を促しているようにも思えます。

私たちにとっては多くの場合、相手方と和解するよりも自分の面子や誇り、プライドが保たれることの方が大切なのかもしれません。赦し合いではなく、恐れを抱き合い、警戒し合う関係に支配されている状態が常なのです。しかしそういう現実のただ中にあって、私たちはキリストがご自分を犠牲にすることにより、神様と人間との破れた関係を回復してくださったという福音を聞きます。人間の常識から言えば、この言葉は容易には信じ難い言葉です。しかしそれにもかかわらず、私たちは言ってみれば生きる基本のところで、神様が赦して下さっているという安らぎと喜びとに支えられています。

パウロは4節で「主において常に喜びなさい。重ねて言います。喜びなさい」と語ります。フィリピの信徒への手紙は「喜びの手紙」とも呼ばれていますが、ここにきて私たちはこの手紙の中心テーマを聞くことになります。「主における喜び」とはどういうことでしょうか。それは通常の喜びとは異なり、周囲の状況に左右されることのない喜びなのだと思います。

パウロはコリントの信徒への手紙 二 4章8節でこう書いています。「わたしたちは、四方から苦しめられても行き詰まらず、途方に暮れても失望せず」と。現実にパウロはこの手紙を明日どうなるかも分からない獄中で書いています。どう考えても途方に暮れるほかない状況なわけですが、そこでもパウロは主にある喜びを書き送ることができました。なぜならパウロの喜びとは主イエスと結ばれた喜びであり、主と共に生きる喜びであり、主が与えてくださる喜びだったからです。

ベルリンでお世話になったヴォルフ・クレトケ（Wolf Krötke, 1938-2023）という先生が先月亡くなられていたことを先週知りました。病のため85歳でした。この方は第二次大戦後、旧ドイツ領からの強制退去をへて旧東ドイツで学んで牧師となったのですが、ライプツィヒ大学の神学生だった時、講義室に置き忘れたノートにあったメモが政府批判とみなされ、2年近く投獄されるという苦難を経験いたしました。しかし、むしろそのような不条理の体験を通して、キリスト教信仰こそがあらゆる屈辱に立ち向い、まさに人間的な豊かさをもたらす助けとなることを確信したのでした。それゆえにこの方は東ドイツの独裁政権のもとで様々な抑圧や嫌がらせがあっても屈することなく、ベルリン教会立神学校の教師として牧師を育てるために働き、ベルリンの壁崩壊後はベルリン・フンボルト大学の最初の神学部長として新たなスタートのために尽力いたしました。お会いして間もなくクレトケ先生から頂いた本は『今日の祈り』というタイトルで、世俗化した現代社会における祈りを論じたものですが、最後のほうにこう書いておられます。「神の声に耳を傾けることの中に、祈りの未来だけでなく世界の未来もあるのです」

パウロは最終的な問題の解決をこうまとめています。「どんなことでも、思い煩うのはやめなさい。何事につけ、感謝を込めて祈りと願いをささげ、求めているものを神に打ち明けなさい。そうすれば、あらゆる人知を超える神の平和が、あなたがたの心と考えとをキリスト・イエスによって守るでしょう」（4章6節－7節）。互いに不和が生じた時、私たちは人間的な解決方法に頼ろうとします。しかし、パウロはあらゆる人知を超える神の平和を求めるよう促します。

20世紀の著名な修道女にマザー・テレサ（1910-1997）がおりますが、この方が残された多くの言葉のなかに「あなたの最良のものを」という一文があります。「人は不合理、非論理、利己的です。気にすることなく、人を愛しなさい。あなたが善を行うと、利己的な目的でそれをしたと言われるでしょう。気にすることなく、善を行いなさい。……善い行いをしても、おそらく次の日には忘れられるでしょう。気にすることなく、し続けなさい。あなたの正直さと誠実さとが、あなたを傷つけるでしょう。気にすることなく、正直で誠実であり続けなさい。……助けた相手から、恩知らずの仕打ちを受けるでしょう。気にすることなく、助け続けなさい。あなたの中の最良のものを、この世界に与えなさい。最後に振り返ると、あなたにもわかるはず、結局は、全てあなたと内なる神との間のことなのです。あなたと他の人の間のことであったことは一度もなかったのです」。

人間同士の関係の破れはつまるところ神様との破れにほかならない。だからまずはあなたは神様と和解させていただきなさい。相手が赦さなくともあなたは赦しなさい。そのようにマザー・テレサは言おうとしているのだと思います。この言葉こそフィリピの信徒への手紙4章の最善の注解ではないでしょうか。私たちが相手を赦した時に、相手も私たちに心を開き始めます。そのようにして「人知を超える神の平和」は働き始めるのです。

あらためて「主において同じ思い」とはどのような思いでしょうか。それは、十字架において示された神の愛ということではないでしょうか。イエス様は十字架の苦しみへの途上で

「弟子たちを愛して、この上なく愛し抜かれた。」（ヨハネによる福音書13章1節）と書かれています。また、弟子たちだけではなく、十字架上で「父よ、彼らをお赦しください。自分が何をしているのか知らないのです」（ルカによる福音書23章34節）と御自分を十字架につけた人達のためにもとりなしの祈りをされ、その限りない愛を貫かれました。パウロは、その主の愛によって同じ思いになって欲しいと言おうとしたのだと思います。

〈お祈り〉平和をもたらしてくださる神様、今日はパウロによる言葉を味わうことができまして感謝いたします。キリストによって自由な喜びの人とされたパウロにならって、私たちの交わりの中に平和の神が共にいることを覚えることができますように。そして私たちの宣教の業を通してこの世における和解の使命を果たすことができますよう、力をお与えくださ い。紛争や災害、事件、事故等で苦しんでいる多くの人々、とりわけ戦火や避難先で困難にある方々を救い慰めてくださいますように。さまざまな苦難のただ中にある方々が、あなたの御顔の光に照らされて、癒され、力づけられ、慰められますように。

（2023年7月23日、聖霊降臨節第9主日礼拝）

すべての人との平和を

ローマの信徒への手紙12章9―21節

日本基督教団は8月の第一主日を平和聖日と定めております。「八月や六日九日十五日」という俳句があります。この句は『こころの友』（1981年8月号）に掲載されたものです。8月は、ヒロシマ、ナガサキ、敗戦と、私たちにとって忘れることの出来ない、また忘れてはならない出来事が重なった月です。ところがアジアの諸国からすると、8月にはまだ1日と22日があるという声も聞こえてきます。1日は、1894年の8月1日、日清戦争の宣戦布告。22日は、1910年の8月22日、韓国併合の条約調印の日なのです。

本日は年に一度ではありますが、日本基督教団の「戦争責任の告白」をご一緒にいたしました。これは1967年3月、当時の教団議長・鈴木正久の名前で表明されたものです。そこにはかつて教団が戦争に協力した罪の告白を含めて、特に日本の侵略行為によって様々な犠牲を強いられた人々に対して謝罪する思いが綴られています。戦後78年となる今、私たちはこの「平和聖日」において、主イエスの福音に聴き、神様のみ旨である平和実現への祈りと決意とを新たにしたいと願います。

ローマの信徒への手紙には具体的なキリスト者の生活についての勧めが、とくに他者との関わりという観点から述べられています。パウロは9節で「愛には偽りがあってはなりません」という、まことに美しい言葉をもって語り始めます。そして「悪を憎み、善から離れず」と語り、「兄弟愛をもって互いに愛し、尊敬をもって互いに相手を優れた者と思いなさい」（10節）と述べます。さらに「怠らず励み、霊に燃えて、主に仕えなさい。希望をもって喜び、苦難を耐え忍び、たゆまず祈りなさい」（11－12節）と勧めています。

そして14節以下をみますと、中心にあるのはやはり17節の御言葉ではないでしょうか。「だれに対しても悪に悪を返さず、すべての人の前で善を行うように心がけなさい」。そして、「できれば、せめてあなたがたは、すべての人と平和に暮らしなさい」（18節）という言葉が続きます。

17節の「だれに対しても悪に悪を返さず、すべての人の前で善を行うように心がけなさい」――これはただちに山上の教えにでてくる「悪人に手向かってはならない」（マタイによる福音書5章39節）を想い起こさせます。主イエスはその際「敵を愛し、自分を迫害する者のために祈りなさい」（5章44節）という驚くべき「愛敵の宣言」をなさいました。この勧告は、ほぼ同じ言葉でもっとも初期の書簡であるテサロニケの信徒への手紙 一でもなされています。「だれも、悪をもって悪に報いることのないように気をつけなさい。お互いの間でも、すべての人に対しても、いつも善を行うよう努めなさい」（5章15節）。

主イエスの「敵を愛せよ」、そしてパウロの「悪に悪を返さず」という今日の箇所から思い出したのは、鈴木伶子さん（代々木上原教会員、1938-2021）というキリスト者です。鈴木さんは26年間の中高の英語教員時代を経て、1987年日本ＹＷＣＡに転職、平和、人権、核廃絶などの問題に取り組みました。2000年に日本キリスト教協議会初の女性議長に就任。この間、日本ＹＷＣＡ理事長、「平和を実現するキリスト者ネット」事務局代表などを歴任し、日本におけるエキュメニカル運動の発展のため大きな貢献をされました。

もう16年前の2007年でしたが、その頃私は富坂キリスト教センターの活動に関わっていた関係で鈴木伶子さんのインタビュー記事をまとめる機会がありました。私たちは先ほど「戦責告白」をいたしましたが、実は鈴木伶子さんは、その「告白」を表明した総会議長・鈴木正久牧師のご長女にあたる方です。2007年は「戦責告白」40周年にあたる年だったこともあってあのインタビューも組まれたのでしたが、その時、鈴木伶子さんは市民運動の集会でのキリスト者のあり方について次のように述べておられました。「私はそのような集会で、例えば『敵を愛せよ』といった聖書の言葉そのものを語ることがあります。別の言い方をするより、むしろダイレクトに聖書の言葉を語るときそれがひとの心に届くのではないでしょうか」と。また哲学者K・F・フォン・ヴァイツゼッカー（1912－2007）を引用してこう説かれました。『敵を愛せよ』とは、『敵を理解するように努めること、それは、彼の状況に身を置き、彼の立場から世界を見、彼の関心や希望、彼の不安や傷ついた心を知るように努力する』ことです」。

私たちは知らず知らずのうちに人間的な視点で敵か味方かという二項対立的に思い描いてしまいがちですが、実際には二項対立では割り切れないものが多々あるのではないでしょうか。イエス様は、敵も味方も越えて祈る理由を、天地創造の神による太陽と雨の恵みを取り上げてこう言われました。「父は悪人にも善人にも太陽を昇らせ、正しい者にも正しくない者にも雨を降らせてくださる」（マタイによる福音書5章45節）。すでに初期のキリスト者共同体は、それまでの人間社会が知らなかった「敵を愛する愛」、「善をもって悪に報いる愛」を実際に示して、古代社会の人々に強烈な印象を与え、人々を信仰に引きつけたのだと思います。この愛に生きることは、現代においてますます切実な課題であり使命であると言わなければなりません。

手紙に戻りますと、パウロは12章の主要テーマである「悪に悪を返さず、善を行う」というあり方として、次に18節で平和の道を歩むように勧めています。「できれば、せめてあなたがたは、すべての人と平和に暮らしなさい。」（12章18節）「できれば、せめてあなたがたは」とありますが、この表現からはどちらかと言えば曖昧な印象を受けるのではないでしょうか。

この箇所は、直訳ですと「あなたがたから出たことであるならば」となるようなのですが、なかなか理解が難しいところです。私が個人的にいいと感じたのはフランシスコ会聖書研究所の『聖書』でした。そこには「できることなら、あなた方の力の及ぶかぎり、すべての人と平和に暮らしなさい」とありました。

パウロは、おそらく「すべての人と平和に暮らす」ことはできない状況も多いことであろうが、「あなたがたの方からできることがあれば」、できる限り努力して平和に過ごしなさいと言おうとしたと考えられます。この場合の「平和」は、たんに争いや対立がないだけでなく、和合とか融和というような積極的な意味で用いられていると思われます。わたしたちは、わたしたちの側からできることがあれば、周囲の「すべての人」、すなわちどのような立場の人たちとも、できるだけ積極的に融和し、交わりを形成し、友人となっていく方向で努力をするように求められています。この言葉とイエス様の「平和を実現する人々は、幸いである」（マタイによる福音書5章9節）というお言葉とはその意味内容において深いつながりがあることを見逃すことはできません。

相手の側を問題にしている限り、「すべての人と平和に暮らす」ことは不可能でありましょう。それゆえにパウロは「せめてあなたがたは」と言うのです。そうしますと、この言葉は冒頭の9節「愛には偽りがあってはなりません」という御言葉と深く関わっていることがわかります。キリストは「敵を愛せよ」と私たちに言われましたが、まず敵対している私たちを愛してくださったのは、神様御自身でした。

先ほど鈴木伶子さんの平和活動について触れましたが、あのインタビューのとき印象深いご体験をお話しくださいました。鈴木さんは1988年春の韓国訪問をきっかけに慰安婦問題と取り組まれ、その運動は全国規模のものとなりました。実はその訪韓の折、尹命善《ユンミョンソン》さんとの驚くべき出会いを経験します。いま詳述できませんが、尹さんは神社参拝拒否のために殉教死を遂げた朱基徹《チュギチョル》牧師の孫に当たる方で、その人から突然「私は日本人を許すことができる」と告げられたのです。鈴木さんはそのご体験を「神社参拝決議の日（1938年9月10日）に生まれた私が、神社参拝を拒否して、そのために命を奪われた牧師の孫に許されるという巡り合わせは、人知を超えた神の御計らいとしか思えません」と述懐しておられました。

報復が報復を呼び、一層頑なになって、争いがエスカレートしている今日の世界にあって、私たちは主イエス・キリストのみ言葉を受け継ぐ者として、十字架における愛を信じ、証し、この世界に和解の福音を告げる使命をゆだねられています。本日の招きの言葉にこうありました。「キリストは、双方を御自分において一人の新しい人に造り上げて平和を実現し、十字架を通して、両者を一つの体として神と和解させ、十字架によって敵意を滅ぼされました」。パウロは真の平和と和解が主の十字架において成就されることを希望をもって確信していました。この世界には平和とは言えない状況が沢山あります。しかし、「平和の君」であり、真の平和を成就されるお方として、主イエス・キリストは父なる神から遣わされてこの世に来て下さり、今は聖霊によってわたしたちを導いてくださっています。わたしたちはイエス・キリストによる真の平和の成就を信じ、希望を持ってパウロの述べる和解の務めを果たすものとして歩みたいと思います。

〈お祈り〉平和をもたらしてくださる神様、今日のこの世界、人類の罪深さを見て、真の平和はこの世では実現しないように思えてしまいます。どうか世界がこのような状態から救い出され、お互いが赦し合える平和な国際関係をつくり出すことができますよう祈るものとさせてください。私たちも何かの形で、平和を実現する者、和解のために奉仕する者として、少しでも務めを果たすことができますよう力をお与えください。

（２０２3年8月6日、平和聖日礼拝）

主に倣《なら》う新しい人を身に着け

コロサイの信徒への手紙3章1―11節

かつて9月第一主日は「振起日」（ラリー・サンデー/Rally Sunday）と呼ばれてまいりました。これはアメリカの教会学校の伝統から来ており、長い夏休みを終えて久々に集ってきた子どもたちが秋に向けて新しいスタートを切るためだったようです。ラリー・サンデーのラリー（rally）という言葉には、ある目的のため呼び集める、陣容を整え直すといった意味があります。つまり、私たちが再び呼び集められ、信仰の決意を振い起す、そのような日曜日ということになります。その意味で今日の主日、子どもたちだけでなく、大人もまたキリストの復活の命に与って新しく歩み始めるようにと呼び出されています。

本日与えられたテキストは、コロサイの信徒への手紙3章です。書き手のパウロは2章6節で「あなたがたは、主キリスト・イエスを受け入れたのですから、キリストに結ばれて歩みなさい」と述べていました。パウロは3章においてもこのテーマ、つまり「キリストに結ばれた生活」について展開しています。宛先は紀元1世紀半ばのコロサイの教会の人びとですが、私たちはこの手紙を今わたしたちに与えられた手紙として読んでいます。

3章は1節から4節までキリストの教え、ないし教理を展開しています。そして続く5節から11節までは「こうしなさい」という勧告、つまり具体的な信仰の生活が語られております。少し専門用語を引かせていただきますと、ここでパウロは「キリスト教倫理」を展開していると言うことができます。キリスト教倫理の内容と構造とは、要するに初めにキリストの教えがあって、次にわたしたちがすべきことが語られるのです。従って、パウロは教えと倫理、その両者を5節の「だから」（＝ギリシア語でオウン）という小さな言葉によって、蝶《ちょう》番《つがい》のように結び付けているわけです。

パウロははじめに「あなたがたは、キリストと共に復活させられたのですから、上にあるものを求めなさい。」（1節）と述べます。パウロは、クリスチャンとはすでにキリストと共に復活して、キリストの新しい命にあずかっている事実がある、というのです。文法用語に「直接法」という言葉がありますが、これは話し手が主観的要素を交えずに事実をそのままに述べる語法のことで、ここはまさにこの直接法によってわたしたちの現実が語られます。要するに、クリスチャンが生きている命の源は、もはや自分自身の命にあるのではなく、キリストの命を生きているということであるわけです。

同じ1節の後半には「上にあるものを求めなさい。そこでは、キリストが神の右の座に着いておられます。」とあります。やや強引な言い方をしますと、わたしたちが信じようと信じまいと、キリストは復活されて神の右に座しておられる。従って、わたしたちはこの復活信仰の中に入れていただいたのであります。それまで地上のものに心を惹かれていたときから、今度は神の子として上にあるものを求めるときへと移されたのです。

パウロはもちろん今ここですべてが完成したといっているのではありません。また単なる楽観的な現実主義を語っているのではなく、同時にすべてが完成する最後の日は将来のことであるとも語ります。4節にこうあります。「あなたがたの命であるキリストが現れるとき、あなたがたも、キリストと共に栄光に包まれて現れるでしょう」。

このようなキリストにある現実を受けて、5節以下は「だから」ではじまります。キリストと共に復活させられた人、キリストの命をいきる人の生き方とは「古い人をその行いと共に脱ぎ捨て」（9節）る在り方です。そして10節にこう続きます。「造り主の姿に倣《なら》う新しい人を身に着け、日々新たにされて、真の知識に達するのです」。パウロはそこにあらわれる共同体を11節でこう表現しました。「そこには、もはや、ギリシア人とユダヤ人、割礼を受けた者と受けていない者、未開人、スキタイ人、奴隷、自由な身分の者の区別はありません。キリストがすべてであり、すべてのもののうちにおられるのです」。

ここには人間同士を引き裂く分断の事態があげられています。ガラテアの信徒への手紙3章28節にも同じような表現があります。「そこではもはや、ユダヤ人もギリシア人もなく、奴隷も自由な身分の者もなく、男も女もありません。あなたがたは皆、キリスト・イエスにおいて一つだからです」。ここには「男と女」もあげられています。

この表現はパウロ自身のものというより、当時の教会の一般的な表現であったといわれます。当時の社会においてそれらの違いや対立は厳然とあったわけですが、洗礼をうけてキリストに結ばれ、キリストを着たものたちはみなひとつなのだということ、そこにパウロの主張、強調点がありました。キリストに結ばれ、キリストを着たひとが新しい人だというのです。もちろんパウロ自身がなにか社会制度の改革のために戦ったわけではありません。さまざまに引き裂かれた現実があるとしても、教会においては違いや対立が克服されなければならない、そこに一致を求めなければならない、ということだと思うのです。なぜなら「キリストがすべてであり、すべてのもののうちにおられる」（11節）からです。

パウロがあげたようなことは、現代においてもかたちはちがってもいえるのではないでしょうか。世界にはいまなお多くの民族間の紛争や差別があります。今年の3月3日、ノーベル文学賞作家の大江健三郎さん（1935-2023）が亡くなられました。大江健三郎さんはかれこれ20年前、若い人々のために一冊の本を書きました。『「新しい人」の方へ』というタイトルです（2003年刊）。大江さんがこの本を書いたのは、「子どもたち、また若い人たちに、『新しい人』になってもらいたい」というメッセージを伝えるためだったそうです。「新しい人」という表現は、今日の箇所のほかにエフェソ書（2章15節、4章24節）にもあって、いずれにしても聖書から取られたわけですが、大江さんはこう書いています。

「いま私らの生きている世界に和解を作り出す『新しい人（たち）』となることをめざして生き続けて行く人、さらに自分の子供やその次の世代にまで、『新しい人（たち）』のイメージを手渡し続けて、その実現の望みを失わない人のことを、私は思い描いています」（176頁）。

現在の日々エスカレートして行くウクライナの状況を見ますと、大江さんの「和解を作り出す『新しい人（たち）』となる」という言葉は鋭いかたちでせまってきます。

3節にこうありました。「あなたがたは死んだのであって、あなたがたの命は、キリストと共に神の内に隠されているのです」。「あなたがたは死んだ」とあります。これは明らかに洗礼を意味しています。なぜなら洗礼は、罪に死んでキリストによる新しい命に生かされる、信仰生活のスタートだからです。

20世紀を代表する神学者、カール・バルトはその洗礼論の最後にこう述べました。「洗礼は祈りであるゆえに、またその限りにおいて、同時に極めて謙遜な行為であると共に、極めて勇敢な行為である。あらゆる幻想から自由な極めて冷静な行為であると共に、天を襲うような大胆な行為である」。この洗礼によってわたしたちはキリストと結ばれる者となりました。こうしてパウロが述べるように、わたしたちもまた「造り主の姿に倣う新しい人を身に着け、日々新たにされて、真の知識に達する」ものとされています。真の知識はキリストによらなければ、聖書によらなければないでありましょう。さらに申すならば、キリストの救いは私たちのところでとどまるのではなく、すべてのひとに及ばなくてはなりません。アドベントまで三カ月、振起日をもってはじまった新しい季節、この世界に目を向けつつ上のものをめざしてまいりましょう。

〈お祈り〉 わたしたちは死の陰や不安におびえながらすごしております。どうかわたしたちをあわれんでくださり、あなたの約束のことばを聞かせてください。闇の力によって飲み込こまれようとするところで、復活の主イエス・キリストが立っておられ、迎えてくださることを、どうかいま感謝をもってうけいれることができますように。復活の主をあおぐあなたのからだなる教会として、平和で希望に満ちた明日の世界のために仕えていくことができますよう、お導きください。敵意と争いの渦巻く世界にあって、すべてのこの世の権威や勢力を超えた神の国が打ち立てられますように。

（2023年9月3日、振起日礼拝）

救いの約束とモーセの出生

出エジプト記1章22節、2章1―10節

11月の礼拝ではアドベントに備えるという意味もあって、毎年旧約聖書から重要な人物とその信仰を取り上げています。本日は旧約聖書で最も有名なモーセについてであります。出エジプト記においてはイスラエル民族全体の運命が主題とされるに至ります。そして、隷属から自由へと導く「出エジプト」のメッセージは、聖書の時代から現代にいたるまで、数限りない解放の運動と思想、独立闘争に勇気を与え、命を吹き込んできました。

出エジプト記1章7節に、「イスラエルの人々は子を産み、おびただしく数を増し、ますます強くなって国中に溢れた。」とあります。この寄留の民イスラエルの人口増大はエジプトの独裁者ファラオの不安と恐れを掻き立てます。そしてイスラエルの民衆に重労働を課すのですが、ついにはイスラエルの新生児から男の子だけを選別、彼らが将来戦士となって反乱を起こさせないためにナイル川で水死させるという命令が出されたのです。

その時、出エジプトの指導者として立てられたのが預言者モーセでした。出エジプト記の2章にはモーセの生い立ちに関するエピソード、あるいはモーセ一家の物語が描かれています。

イスラエル十二部族の一つであるレビ族に属する人物にある男と女がおりました。男の名はアムラム、女の名はヨケベドといいますが、この二人が結婚します。二人については少し後になって6章20節に登場します。「アムラムは叔母ヨケベドを妻に迎えた。彼女の産んだ子がアロンとモーセである。

子どもの誕生、それは喜ばしい事であるはずです。しかし、この家族にとっても、同時代の人々にとっても、それは単純に喜ばしいこととはなりませんでした。1章22節にこう書かれております。「ファラオは全国民に命じた。『生まれた男の子は、一人残らずナイル川にほうり込め。女の子は皆、生かしておけ』。」(1章22節)。

さてそのような命令のもとにあって、アムラムとヨケベドの夫妻は、生まれてきた男の子をどうしたのでしょうか。聖書にはこう書かれています。「彼女は身ごもり、男の子を産んだが、その子がかわいかったのを見て、三か月の間隠しておいた」(2章2節)。どうしても殺すに忍びなかったという心情は誰にでも理解できるだろうと思うのです。しかし、たいへん興味深いことに、新約聖書を書いた人々はそのように単純には読みませんでした。使徒言行録にステファノの説教が記されています。その中で彼はこう言っているのです。「この王は、わたしたちの同胞を欺き、先祖を虐待して乳飲み子を捨てさせ、生かしておかないようにしました。このときに、モーセが生まれたのです。神の目に適った美しい子で、三か月の間、父の家で育てられ、その後、捨てられたのをファラオの王女が拾い上げ、自分の子として育てたのです」（使徒言行録7章20－21節）。「神の目に適った」とありますが、そこは直訳すると「神に対して」という言葉が使われています。モーセのかわいさや美しさが神様との関わりで見られているのです。モーセの母はもはや隠しきれなくなった時、我が子を手放す時が来たことを悟ります。それはあきらめではありません。信仰によって子どもを守ろうとした彼女は、また信仰によって子どもを神にゆだねるのです。

こうしてヨケベドはパピルスの籠を用意し、男の子を入れ、ナイル河畔の葦の茂みの間に置き、その場を立ち去ります。姉のミリアムだけが、遠くに立って様子をみておりました。するとそこへファラオの王女が水浴びをしに川へ下りて来たのです。よりによって、そこに現れたのは命令を下した王の娘でありました。信頼をもって赤子をついに神にゆだねた家族にとって、事態は最悪の展開を示すかに見えます。

しかし、神様は最悪の事態を通してさえも事を進め給います。王女の仕え女がその籠を取って王女に渡します。開けてみると、そこに男の子がおり、泣いていました。王女の内に憐れみの情が起ります。彼女はふびんに思って「これは、きっと、ヘブライ人の子です」と言いました。すると遠くに立って見ていた姉のミリアムは、王女にこの子を害する意志がないことを見て取るとすかさずこう申し出ます。「この子に乳を飲ませるヘブライ人の乳母を呼んで参りましょうか」。王女はこの申し出を快く受け入れました。娘は急いでその子の母親を連れてきます。王女は言いました。「この子を連れて行って、わたしに代わって乳を飲ませておやり。手当てはわたしが出しますから」。

わが子を神にゆだねて手放した母親は、こうして再び子どもを受け取ることになりました。しかし、もはや自分の子としてではありません。王女の子、他人の子として彼女はその子の育児を託されたのです。彼女は、どのような思いをもってモーセを育てたのでしょうか。そのことをヘブライ人への手紙は次のように語ります。「信仰によって、モーセは成人したとき、ファラオの王女の子と呼ばれることを拒んで、はかない罪の楽しみにふけるよりは、神の民と共に虐待される方を選び、キリストのゆえに受けるあざけりをエジプトの財宝よりまさる富と考えました」（ヘブライ人への手紙11章24－26節）。

まさにこの「信仰によって」という部分こそ、限られた時の間において、モーセの母がその子に託したものではなかったかと思うのです。彼女は王女からではなく、神様から与えられた務めとして、この短い期間の育児を受け止めたに違いありません。かつて神様の手にゆだねてその子を手放したように、再びこの母はその子を手放します。「その子が大きくなると、王女のもとへ連れて行った。その子はこうして、王女の子となった」（出エジプト記2章10節）。その後、この母は物語の表舞台には登場いたしません。

さて、王女はこの子をモーセと名付けました。モーセという名前は、ヘブライ語では「引き出す者」という意味になります。聖書は、王女が「水の中からわたしが引き上げたのですから」と言って名付けたと説明しています。やがてモーセ自身が「引き出す者」となります。神がエジプトから民を引き出すために用いる器となる人物だからです。人は、王女がその子を引き出して助けたのだとしか見ないかも知れません。しかし、本当にこの場面を支配し導いておられるのは、「引き出す者」を備えようとしておられる神御自身なのです。

そうしますと、この物語全体に、表には現れていない神の御手が見えてまいります。出エジプトの指導者となったのは預言者モーセでした。この解放物語においては、この後もすべてはモーセに対する神の啓示によって導かれます。すなわち、暴虐な政治権力者といえども神の前ではけっして絶対的ではありえないということから始まるのです。そもそもエジプトの王女の子として教育を受け、エジプトの宮廷と社会事情に精通した者となることと、ヘブライ人として信仰を受け継ぐこと――この両者は同時に成り立つはずのないものでした。その不可能を可能とならしめたのは、神の摂理の御手であったのです。

人類の歴史においては、権力に陶酔して限度を見失うような暴君が折に触れて出現します。そうした支配者の権威にあえて異をとなえようとすれば、ヒトラーであれスターリンであれ、独裁者たちは弾圧と迫害へと怒り狂い、それらの人々に死の判決を下そうとつとめるでしょう。私たちはそのような悪しき現実を、いままさにウクライナやガザ地区においてもみているのではないでしょうか。

私たちはこの世界で無実の人々が苦しむという現実を目の当たりにしながら、しかしまさにそこにおいて神様の善意に対する信仰を保持しなければなりません。そこには当然引き裂かれる思い、緊張があります。そこを耐え抜くことができるのはただ信仰と祈りによらざるを得ないのではないでしょうか。私は次のような言葉を想い起こします。「神はすべてのものから、最悪のものからさえも、善を生れさせることができ、またそれを望まれるということを、私は信じる。そのために神は、すべてのことを自らにとって益となるように役立たせる人間を必要とされる。私は、いかなる困窮に際しても、われわれが必要とする限りの抵抗力を神がわれわれに与えられると信じる。」(D・ボンヘッファー)。

モーセの一家こそまさに最悪の出来事のただ中で、神様によって務めを与えられ、信仰によって生きた一つの家族ではなかったでしょうか。ひるがえって私たちもまた小さいながらも水の中から引き揚げられたもの、つまり洗礼をうけキリストの救いに与るものとされています。そうであれば、私たちもそして私たちの家族もまた、キリストによって現わされた、救いの完成へと向かう神様の歴史の中に置かれています。神様はそのご計画のもとにあって、私たちにも務めを与えられます。家庭の形成も、育児も、子弟の教育もその一つです。与えられる務めは人それぞれに違います。しかし、どのような事情のもとにあるにせよ、私たちが与えられている務めを信仰によって受け止める時、神様は救いのご計画を進めるために用いてくださる、そのことを信じてまいりたいと思います。

〈お祈り〉この国と社会、また世界は魂の飢え渇く荒れ野の中をさまよい、苦しんでいます。アドベントを迎えようとするこの季節、どうか今こそわたしたちが本当に迎えるべきお方があなたであること、わたしたちを遣わしてくださるまことの主があなたであることを悟らせてください。もとよりわたしたちはあなたの知恵を悟るに遅く、御心をわきまえ知ることに疎《うと》い者でありますが、キリストと結び合わされている恵みに確かに生かされている者であります。どうか、主イエスによって与えられた本当の命を、終りの日まで持ち続けることが出来ますように、主の日ごとに御言葉によって主に出会わせてください。

（2023年11月19日、降誕前第6主日礼拝）

平和と恵みの良い知らせ

イザヤ書52章1―10節

ご承知のように、10月以来ハマスを中心とする武装勢力とイスラエル軍との間で激しい戦闘が続いています。戦闘休止は7日間で終わり、イスラエル軍は12月1日、軍事作戦を再開しました。中東地域研究者の錦田愛子教授（慶応大学）がある番組でこう述べています。「この争いを、ユダヤ教とイスラム教の対立と説明する向きもありますが、そう解釈すると見誤ります。確かに宗教が関わる面もありますが、これは宗教的対立ではなく、土地とアイデンティティを巡る争いです」。錦田さんによれば「パレスチナとは元々、イスラエルを含む、この地域全体を指す土地の名称」であって、目下の戦闘はユダヤ人とパレスチナ人たちによるその土地における生存権をめぐる争いになっているといいます。ちなみにパレスチナという言葉は、創世記ですと「アブラハムは、長い間、ペリシテの国に寄留した」（創世記21章34節）などと登場しますが、パレスチナという言葉はこのペリシテ（Philistines）という言葉がなまったものとされています。

本日、アドベント最初の礼拝に読まれたのはイザヤ書ですが、このイザヤの時代にまさにユダヤ民族が「ディアスポラ」つまり、離散の民となる民族最大の悲劇が起きたのでした。時は紀元前六世紀。バビロニアの軍事侵攻により、かつてダビデ、ソロモンの王国として繁栄を極めたユダ王国は、ついに滅亡することとなりました。王国の都エルサレムの城壁は破壊され、彼らの心の拠り所であったエルサレムの神殿も焼き払われてしまいました。そして国の主だった人々は、異国の地バビロンへ捕らえ移されていきました。バビロン捕囚と呼ばれる出来事です。後に残ったのは廃墟となったエルサレムでした。

それから五十年近くの時が流れました。捕囚とされた民の中に一人の預言者が現れ、神の言葉を宣べ伝え始めました。その預言はイザヤ書40章以降に記されています。今日読まれたのもその一つです。彼はこう呼びかけています。「歓声をあげ、共に喜び歌え、エルサレムの廃墟よ」(9節)。この呼びかけはこう続きます。「主はその民を慰め、エルサレムを贖われた」。この行の先頭には、訳出されてはいませんが、「なぜなら」とか「というのは」と訳し得る小さな言葉が置かれています。つまり、これが「喜び歌え」と語られている理由であり根拠なのです。主の「慰め」と「贖い」です。

「主はその民を慰められた」とあります。聖書が語る「慰め」とは何でしょうか。廃墟に向かって「歓声をあげ、共に喜び歌え」と言うからには、その根拠となる「慰め」は、私たちが思い描くものとは全く異なるものであるに違いありません。それが何であるのかを知るためには、まず語りかけられている「廃墟」を理解することであろうと思います。そこで51章17節まで遡ると、そこには次のように書かれています。「目覚めよ、目覚めよ／立ち上がれ、エルサレム。主の手から憤りの杯を飲み／よろめかす大杯を飲み干した都よ」。そのように、エルサレムを実際に破壊したのは、バビロニアの軍隊なのですが、彼はそこに神の裁きを見ています。彼らの罪に対する神の怒りの現れを見ているのです。廃墟をもたらしたのはバビロニアではなく、イスラエルの罪だというのです。それが「廃墟」の意味するところでした。

しかし、そのエルサレムに対して、一転して慰めが語られるのです。怒りを現された主御自身が、今度は「慰めるもの」としてエルサレムに語りかけられるのです。「あなたの主なる神／御自分の民の訴えを取り上げられる主は／こう言われる。見よ、よろめかす杯をあなたの手から取り去ろう。わたしの憤りの大杯を／あなたは再び飲むことはない」（51章22節）神が赦してくださるということは、決定的な転換を意味します。そこで運命が変わるのです。それゆえに、52章に入って、「奮い立て、奮い立て／力をまとえ、シオンよ。輝く衣をまとえ、聖なる都、エルサレムよ」（52章1節）と語られているのです。

さらに9節では「(主は)エルサレムを贖われた」と書かれております。「贖う」という言葉も、この書に繰り返されているキーワードの一つです。同じ言葉が3節では「買い戻す」と訳されています。この「贖う」という言葉は、もともと奴隷を「買い戻す」という意味合いで用いられた言葉だったのです。事実、2節では、「捕らわれのエルサレム」「捕らわれの娘シオン」と呼ばれています。これは第一にはバビロニアに征服されたことを指すものです。しかし、そのエルサレム・シオンが主によって買い戻されるのです。「ただ同然で売られたあなたたちは／銀によらずに買い戻される」（52章3節）と主は言われるのです。

先にも言いましたように、エルサレムの廃墟に現れていたのは、神の怒りであり裁きでした。売られて奴隷となったのは、その罪の負い目のゆえでした。そのような民を、もはや買い戻す価値のないようなエルサレムを、主は憐れみと赦しをもってあえて買い戻されたのです。御自分のものとされたのです。すなわち、本当に大きな出来事は、政治的な変化ではなく、神様と人との関係の変化なのです。それゆえに、彼らを治めるのは、もはやバビロニアの王ではなく、ペルシアの王でもありません。主が彼らの王として即位されるのです。

もちろん、そのことが起こるのは、あくまでも未来のこととして語られています。現実にエルサレムを支配しているのはペルシアです。エルサレムはいまだに廃墟のままです。何も変わってはいないように見えます。しかし、事は既に起こったのです。神様との関係において、既に決定的な転換が起こっているのです。主はエルサレムを贖われました。それゆえに、歓声をあげ、共に喜び歌うことができるのです。

さて、今週から待降節（アドベント）に入りました。アドベントという呼び名は、「到来」を意味するラテン語に由来します。キリストの到来です。救い主は来られました。そのことを思います時に、とりわけガザやウクライナにおいて悲惨な戦闘がつづき、人の心も街や土地も廃墟の有様を呈しているこのときに、今日与えられている御言葉は特別な響きをもって私たちに呼びかけてこないでしょうか。「歓声をあげ、共に喜び歌え、エルサレムの廃虚よ。主はその民を慰め、エルサレムを贖われた」。救い主は来られました。私たちが今なお廃墟のような有様であったとしても、そのような私たちに呼びかけられているのです。既に救い主は来られたからです。既に主によって贖われ、主のものとされているからです。

冒頭触れました錦田先生はガザ紛争への対応についてこう訴えておられました。「ガザの人々から希望を奪ったのは誰なのか。なぜ憎しみがここまでつのってしまったのかを考えるとき、占領と封鎖の長期化を黙認してきた国際社会もまた、その責任の一部を担っていることは明らかです。われわれもまた、国際社会の一員として、この戦闘を一刻も早く止めるため、働きかけを一層強めていかなければならないと思います」。私たちは「占領と封鎖の長期化を黙認してきた国際社会」という観点をしっかりと押さえなければならないと思います。そのうえで彼の地における積年の憎悪と報復の悪循環を終わらせるためには、あのイザヤがまさにバビロニアをもペルシアをも支配し給う主、全地の主である御方の帰還を告げたように、イスラエルもパレスチナも、あらゆるこの世の権勢を超えた平和の主に立ち帰らなければならないのではないでしょうか。

いささか飛躍があることを恐れず述べますが、あのイザヤの「歓声をあげ、共に喜び歌え」という呼びかけは、時代と立場を超えてまさに今、ガザ地区や西ヨルダン地域の廃墟の中にある人たちに向かってなされているのではないでしょうか。そしてそれはかつて同じディアスポラ（離散）の民であった今のイスラエルの人々に対しても等しく投げかけられているに違いありません。「彼は平和を告げ、恵みの良い知らせを伝え／救いを告げ／あなたの神は王となられた、と／シオンに向かって呼ばわる。」（52章7節）。聖書は、主のものとされているならば、廃墟は廃墟のままでは終わらないという希望を告げています。やがて完全に救われる時が来るのです。私たちが救いに到達するのではありません。最終的な救いは向こうから来る、「到来」するのです。既に救い主は到来しましたが、聖書はもう一つの「到来」についても教えています。キリストが再び来られる。これをキリストの再臨と言います。最終的な完全な救いは向こうから来るのです。

その意味において、私たちは「すでに」と「いまだ」の間に立っています。既に私たちは罪を赦され、主の慰めを得ました。既に私たちは主によって贖われ、主のものとされました。

そのような者として、私たちは最終的な救いを待ち望んでいます。それが私たちの信仰生活です。その意味において、アドベントは「すでに」と「いまだ」の間にあることを意識する期間であると言えるでしょう。その時の間を私たちはどのように生きるのか。この問いに、このアドベントの期間、しっかりと向き合い、自らを省みたいと思います。

〈お祈り〉主の御降誕を待ち望む最初の主の日、神さまは廃虚の民を慰め、贖われる、クリスマスはその実現の始まりであり約束であることを知らされました。あなたはわたしたちが暗闇の中に沈みこんで埋没するままに放置なさることなく、わたしたちを追い求めて御子をおつかわしになることを覚えて感謝いたします。主はわたしたちの暗闇の一番深い、低さのきわみまでおいでくださり、そこで出合ってくださいます。どうかわたしたちの暗さに光を灯してください。ガザやウクライナをはじめ紛争の地を上よりの平和の力に依って慰めと贖いの地へと導いてください。寒さの折、どうかご高齢の方々の健康をお守りください。ご病気や困難にある方々のうえにあなたの御いやしと平安がありますように。

（2023年12月3日、待降節第1主日礼拝）

分かち合う五つのパンと二匹の魚

ヨハネによる福音書6章1―15節

暦のうえでは去る2月3日が節分。寒さは厳しいですが日が伸びて少しずつ春の近いことを感じさせます。教会の暦ですと、今日は降誕節としては最後の主日となり、14日の灰の水曜日から受難節が始まります。主イエスのご生涯から見ますと、飼い葉おけから十字架へと至る節目、その意味では私たちもまた教会の節分を迎えることになります。そのような節目に与えられたテキストは、ヨハネによる五千人の供食の物語です。

その出来事はガリラヤ湖のほとりで起きました。福音書記者のヨハネは6章を次のように描き始めます。「イエスはガリラヤ湖……の向こう岸に渡られた。大勢の群衆が後を追った。イエスが病人たちになさったしるしを見たからである。」（1－2節）。するとイエス様はフィリポに、「この人たちに食べさせるには、どこでパンを買えばよいだろうか」（5節）と問われます。ところがこの時、ヨハネはイエス様の真意を汲んで説明の注を入れています。

６節ですが、「こう言ったのはフィリポを試みるためであって、御自分では何をしようとしているか知っておられたのである」。

実はこのあとの35節で主イエスはこう言っておられます。「わたしが命のパンである」。つまり、イエス様の意図はご自分の体を永遠の命にいたるパンとしてお与えになるためであったことが分かります。しかしそうとはしらないフィリポは答えます。「めいめいが少しずつ食べるためにも、二百デナリオン分のパンでは足りないでしょう」（6章7節）。一デナリオンは当時の労働者一日分の賃金でした。仮に一デナリオンで家族五人が食べられるとしても、二百デナリオンで千人がやっとです。そんなお金はここにはないし、仮にお金があったとしても、こんな寂しい場所でそんなにたくさんのパンを買える訳がありません。

その時、もう一人の弟子アンデレが、食べ物を持っている少年を探し出して来ます。「ここに大麦のパン五つと魚二匹とを持っている少年がいます。けれども、こんなに大勢の人では、何の役にも立たないでしょう。」（8－9節）。するとイエス様は、手元に五つのパンと二匹の魚が与えられたのを見て、「人々を座らせなさい」と言われました。「イエスはパンを取り、感謝の祈りを唱えてから、座っている人々に分け与えられた。また、魚も同じようにして、欲しいだけ分け与えられた」（11節）。

イエス様が行われたパンの奇跡を見て人々はその力に驚いて言います。「まさにこの人こそ、世に来られる預言者である」（6章14節）。群衆は飢えを満たしてくれるイエス様を追い求めて来ました。主イエスも当然それは理解しておられます。しかし、パンよりも大事なものがある。それを与えようと言われたのがこの35節のお言葉でした。

この奇跡物語が持つ意味、あるいは問いかけはどこにあるのでしょうか。中心となるのはやはり信仰ではなかったかと思います。私たちもまた目前の五千人もの人を見て、また手元に五つのパンしかないのを見て、「これではとても役に立たない」とあきらめます。フィリポはこれだけの人数にパンを与えるのは無理だといい、アンデレは五つのパンでは何の役にも立たないとため息をつきました。そのとき彼らは神様が働いてくださるという信仰を持ちえていたでしょうか。それに対して小さな子どもは弟子たちが困っているのを見て、自分の手元にある五つのパンを差し出しました。差し出してどうなるという当てはなかったけれど、とにかく自分ひとりで食べるのをあきらめて差し出しました。

イエス様はそのような子どものふるまいに信仰をご覧になったのではないでしょうか。その信仰さえあれば、神様は応えてくださると主イエスは信じられ、天を仰いで感謝されました。私たちの手の中にあるもの、それがどんなに小さく僅かであっても、イエス様の前に差し出され、祝福され、主の御用のために用いられる時、十倍にも百倍にも増やされていくことをこの物語は示唆しています。

ドイツの神学者のディートリヒ・ボンヘッファー（1906-1945）は『共に生きる生活』（Gemeinsames Leben）という書物を書きました。初版が1939年、1940年には第4版がでるほど好評を博しました。しかし、1945年、彼は絞首刑にて最期を遂げ、ついにこれが彼の生存中に出版された最後の著作となりました。この本は現在、世界の主要言語のほぼすべてに翻訳されています。日本では昨年召された森野善右衛門先生が1975年、訳出、ドイツでは1987年に『新版ディートリヒ・ボンヘッファー全集』の第5巻として、厳密な校定をもとに編集され、詳細な注や解説が添えられた決定版がでました。

その前書きにおいて編集者がこう書いています。「逆説的ですが、わたしたちはこの『共に生きる生活』が生れたのは（ナチスの）秘密警察のおかげであると言わなければなりません」。どういうことかと言いますと、ボンヘッファーは共同生活を伴う最初のプロテスタント共同体、告白教会の説教神学校を設立しました。しかし、1937年になると、ナチズムの迫害により、ボンヘッファーが指導していた告白教会関係の施設が非合法とされ、閉鎖されてしまいます。それが結果的にボンヘッファーに「キリスト者の交わりについて」その思索と実践を文書に表す機会を与えたということになったからです。

『共に生きる生活』の2章「共なる日」をみますと、今日の箇所に関連して、次のように書かれています。「わたしたちが、わたしたちのパンをいっしょに食べている限り、わたしたちはごくわずかのものでも十分にもっているのである。だれかひとりが自分のパンを、自分のためだけに取っておこうとする時に初めて、飢えが始まるのである。これは一つの不思議な、神の法則である。二匹の魚と五つのパンによる五千人への給食という奇跡物語は、他の多くの意味と並んで、このような意味を持っているのではないだろうか」。

「わたしたちが、わたしたちのパンをいっしょに食べている限り、わたしたちは、ごくわずかのものでも十分にもっている」というボンヘッファーの言葉は印象的です。わずかなものでも分け合って一緒に食べるとおいしい。イエス様の時代の食卓は貧しいものでした。大麦のパンと塩とオリーブ油、飲み物としては水か薄めたぶどう酒、魚や肉を食するのは祭りの時だけでした。しかし家族が集まって食卓を囲み、感謝の祈りの後に食事をいただき、一日の出来事を話し合う、団らんの時でした。今日の私たちの食卓には肉や魚があふれていますが、家族で食卓を囲むことは少なくなりました。かつては共に食べるという私たちが失ってしまった豊かさがあったのではないかと思います。

今日の聖書に戻りますとこう始まっていました。「イエスは山に登り、弟子たちと一緒にそこにお座りになった。ユダヤ人の祭りである過越祭が近づいていた」（6章3－4節）。ここに他の福音書にはない、ヨハネ独特の表現があります。このあと6章後半でヨハネは、モーセ時代に与えられたマナとの対比でイエス様のパンの話を展開します（6章31節以下）。

従ってヨハネは、ここの「山に登り」、「過越祭が近づき」という表現を通して、出エジプトの時にモーセがシナイ山で律法を与えられたように、第二の出エジプトといいましょうか、イエス様の十字架による新しい契約が与えられる、そして約束のしるしとしてパンすなわち主イエスのお体が与えられることを示唆しています。ヨハネはパンの出来事を主イエスの受難の出来事として描いているのです。

ヨハネによる福音書はこのあと10章で繰り返し主イエスがご自身を「良い羊飼い」と語っておられます。その良い羊飼いはご自身の命を差し出すことによって命のパンを与えてくださる方です。今日の物語には「集めると、人々が五つの大麦パンを食べて、なお残ったパンの屑で、十二の籠がいっぱいになった。」(13節)とありましたが、十二の籠とはイスラエルの十二部族を思い起こさせます。それはその場にあるすべての人が満ち足りただけでとどまらず、イスラエルを超えて世界中の、ほとんど無数の人々が豊かに養われるという恵みの豊かさを伝えていないでしょうか。ここからは、神の国の民の姿、すなわち終末的な世界に生きる民のイメージを読み取ることができます。それは決して争いや分断や収奪によってもたらされるものではありません。どこまでも主イエスが食卓の交わりを選ばれたという事実から、つまり平和と共生と分かち合いによってもたらされる世界です。

ヨハネはパンの奇跡に二つの意味があることを明らかにしてくれたように思います。一つは「神は私たちを養ってくださる」との信仰がパンを増やしていくという事実です。もう一つは、本当のパンとは主イエスの捧げられた体、すなわち「命の言葉」という点です。私たちはこの「命の言葉」に養われて生きるのです。私たちがいまこうしてこの教会に集められたのも、この命のみ言葉をいただくためです。弟子たちがそうであったように、私たちも主のいのちの言葉に養われて新しい使命に遣わされてまいりたいと思います。

〈お祈り〉私たちを召して遣わしたもう主よ、今日は五千人ものすべての人が食べて満腹し、なお余りが出るほどであったという出来事を通して、神さまのお恵みに、あまりあるほどの神様の恵みにひとりひとりがあずかる事が出来たことを示されました。どうか私たちの伝道のわざも、これでは十分ではないという人の思いに終わってしまうのではなく、ひとりひとりにまことの命のパン、み言葉をくださる方がいまし給う事を信じ、証することができるよう導いてください。わたしたちの教会があなたの御国のご支配の器として、心痛む人々と、傷つけられた自然の回復のために仕える教会となることができますように。

（2024年2月11日、信教の自由を守る日礼拝）

主の受難とポンティオ・ピラト

ヨハネによる福音書18章33―40節

本日私たちは今年の受難週を迎えております。受難週最初の日はイエス様がエルサレムに入られたとき、民衆が棕梠の枝を振って迎えたという記事に基づいて「棕梠の主日」と呼ばれます。受難週に主イエスは様々な人々に引き渡され苦難の歩みを続けられます。そしてその究極の所が聖金曜日・受苦日における十字架の出来事へと集約されます。この週をイエス様の苦しみが私たちのためであったことを覚えつつ過ごすわけですが、与えられたみ言葉によって、主の受難の意味を信仰の教えとしてしっかり受け止めたいと思います。

本日与えられた聖書の箇所は、イエス様がローマ総督であるピラトの尋問を受けるところです。今日は33節からお読みしましたが、その前の28節から29節にこうあります。「人々は、イエスをカイアファのところから総督官邸に連れて行った。明け方であった。しかし、彼らは自分では官邸に入らなかった。汚れないで過越の食事をするためである。

そこで、ピラトが彼らのところへ出て来て、『どういう罪でこの男を訴えるのか』と言った」。これによりますと、裁判が行われたのは過越しの食事の前であったことになります。実はこのような立場を取るのは『ヨハネによる福音書』だけです。

ここで言う彼らとは最高法院の議員たち、ユダヤの政治・宗教的な権威者たちですが、彼らはイエス様をなんとしてでも死刑にするためにローマの国家権力に訴え出ています。しかし、本音を言えば汚れた者の住んでいるところに入れば自分が汚れてしまう。だから汚れないで過ぎ越しの食事をするために、総督官邸には入らなかったのです。彼らは汚れることを避けています。汚れに関わることは几帳面に守ろうとしていながら、他方では神様が遣わされた御子なるイエス様を邪魔者扱いして消そうとしている。いったいどちらが罪深いことなのか。そういうことがまったく逆転してしまっているのです。

しかし、この有様はまさにこの世の、そしてまた私たちのありのままの姿なのではないでしょうか。私たちは、たとえば先のロシアの大統領選挙、反体制指導者ナワリヌイ氏の殺害、わが国では国会議員の政治資金問題など、毎日のようにありとあらゆるうそで塗り固められた醜い現実をいやというほど見聞きしています。そして同時に私たちもまたこの世のまさにそのような醜いこの世の一部になっているという事実を否定することもできません。聖書が描き出す姿は、誰か他の人々の姿ではなく、他ならぬ私たち自身の罪ある現実の姿であることを私たちはわきまえなければなりません。

さて、一度外に出て訴えるユダヤ人たちと問答したピラトでしたが、33節となって「そこで、ピラトはもう一度官邸に入り」、イエス様と一対一で対面します。その時、イエス様はピラトに対してこう宣言されたのです。「わたしの国は、この世には属していない。もし、わたしの国がこの世に属していれば、わたしがユダヤ人に引き渡されないように、部下が戦ったことだろう。」（ヨハネによる福音書18章36節）。

その言葉はピラトには相当滑稽《こっけい》に聞こえたに違いありません。「わたしの国」の原語は「わたしの王国」です。いままさに縛られ、訴えられ、殺されようとしている無力なひとりの人物が、ローマ帝国の権威を代弁する総督ピラトの前で「わたしの王国」について語っているのです。ですからピラトはこう問うたのです。「それでは、やはり王なのか」と。それは明らかにあきれきったといいますか、バカにした問いではなかったでしょうか。

それに対してイエス様はお答えになりました。「わたしが王だとは、あなたが言っていることです」と。ここはちょっとわかりにくく、いささか細かいことになりますが、これは「わたしが王だとは、あなたが言っているのであって、実際にはそうじゃない」という意味ではないのです。ドイツ語の注解書（『NTD新約聖書注解』）をみますと、「そうだ、わたしは王だ」と訳され、「イエスが今度ははっきり、（ピラトの）その問いを肯定する」（同著436–

437頁）という解説がありました。またより明解なのはシュラッターと言う人の解釈（『新約聖書講解4』）ですが、「イエスは答えられた、『あなた自身そのことをはっきりと言った。私は王である』」（同著315頁）。つまり、この言葉は、「わたしが王であるとは、あなたが言うとおりだ」とも訳せるのです。

イエス様は自らが王であることを語られた上でこう続けられました。「わたしは真理について証しをするために生まれ、そのためにこの世に来た。真理に属する人は皆、わたしの声を聞く」（37節）。私の力、権威というのは国家権力でもなければ、武力でもない。キリストの王国は、真理によって形づくられるのです。このやりとりは、非常に印象深いピラトの言葉で幕切れとなります。「ピラトは言った。『真理とは何か。』」。それに対するイエス様のお答えはもはやありませんでした。

「真理とは何か」という問いは、ここにいる私たちにとってもたいへん身近な、それを見失うと人生の座標軸を失ってしまう重要な問題だと思います。なぜなら、ここでいう真理とは「見せかけでない本物」、「嘘や偽りではないもの」を意味する言葉だからです。さらには、本当に信頼できるもの、本当に大丈夫と言えるものを意味する言葉でもあるのです。かつて、非暴力をかかげ非業の死を遂げたマハトマ・ガンジーは、次のような感銘深い言葉を残していいます。「真理にあって戦う者は、自由であろうと囚われの人であろうと、勝利者であって敗北を知らない。真理と良心に従わなくなった時に、彼は初めて敗北者となるのである」。

カール・バルトというスイスの神学者がおられますが、1959年に『教会教義学』という大著の第4巻『和解論』を著わしました。バルトはその70節「人間の虚偽と断罪」の中で、「真理とは何か」について論じています。簡単に言うと、神の真理とは「イエス・キリストという真の証人と同一である」ということになるのですが、しかし、その真理は、苦悩に満ちた決断の闘いによってではなく安価に人間に開示されるのであれば、それは真理ではないであろうと言います。そしてイエス・キリストの栄光についてこう書くのです。

「しかし、この仲保者の栄光は、見すぼらしさに――否、いとわしい恥辱に覆われた栄光である。すなわち、この証人は、それとは反対のものの中に隠された栄光であり、人間を た易く獲得し人間に当然畏敬の思いを懐かせるような美しい姿によって、人間に出会い給うのではなくて、神の力によって死人の中から甦らされ、ゴルゴタ（註＝原著では傍点あり）で十字架につけられ殺された方のみじめで恐ろしい姿で、人間に出会い給うのである。その道がゴルゴタに通じゴルゴタに終わる方として、彼は、神との世の和解者であり、人間の義認と聖化であり給う。そのような方としての彼と共に、われわれの生命は、神の中に隠されたまま守られている。」（『和解論 Ⅲ／3 真の証人イエス・キリスト〈中〉』井上良雄訳、新教出版社、1986年、19頁）。

真理と言うと私たちはすぐ何か抽象的なことを考えてしまいますが、聖書の語る真理はイエス様とその神様を離れて語ることはできません。では主イエスは何を証しされるためにこの世に来られたのでしょうか。それは嘘と偽りに満ちたこの世を、罪と汚れに満ちた私たちを神様の裁きにまかされるのではなく、むしろその罪を一身に受けて、それでもなお愛して赦して受け入れくださる、その神様の愛という、唯一真実なるものを証しするためにイエス様は来られたのです。

イエス様が証しなさった神の愛、それは、この受難週、私たちの罪の贖いとして十字架にかかることによってなされました。私たちのために血を流し、命を与えることによってです。ですから、ヨハネはその手紙において次のように語るのです。「わたしたちが神を愛したのではなく、神がわたしたちを愛して、わたしたちの罪を償ういけにえとして、御子をお遣わしになりました。ここに愛があります」（ヨハネの手紙 一 4章10節）。その意味でキリストは神様の愛そのものです。神様の愛そのものであるその御方が今日のピラトの裁判、まさに死刑宣告を前に、もう一つの王国について語っておられます。主イエスとともに見せかけではない愛、嘘や偽りではない愛、決して変わらない真実なる愛、神の愛の王国が到来しているのです。

そして、私たちはそこに招かれ、もう一つの王国に生きるようにと呼び集められて、今ここにいるのではないでしょうか。ですから、私たちは、この世に満ちる嘘や偽りだけを見て、人間の不真実だけを見て絶望する必要はないし、またそうあってはならないのです。神様の真実はこの世の不真実よりも強い、神様の愛はこの世の罪よりも強いのです。私たちはただひたすら、神様の愛の支配の中にあって、真実なる神様の愛に信頼して共に生きて行くものとされています。主は「真理に属する人は皆、わたしの声を聞く」と言われました。その主の呼びかける声に聞いて、応えてまいりたいと思います。

〈お祈り〉受難節最後となる棕梠の主日、み言葉に聞き、み名を賛美する礼拝の時が守り導かれ感謝いたします。ピラトによる尋問において主イエスは真理について証しをするために世に来られたとおっしゃいました。それは、御自分が十字架の死を遂げ、み言葉を実現するため、どこまでも神様の愛を証しされるためでありました。その真理に立って、私たちもまたあの主のみ声を聞き取ることによって、もうひとつの王国、主の民であり続けることが出来ますよう導いてください。そして、この地上の生活においても、来るべき世の生活においても、私たちを守り、支え、救いとなることを信じるものとしてください。

（２０２４年３月24日、棕梠の主日礼拝）

一人の新しい人に造り上げて

エフェソの信徒への手紙2章14―22節

本日ここに田園都筑教会創立二十周年を記念する礼拝のときを持つことができ感謝いたします。今日は多くのゲストの方がたも駆けつけてくださっております。日頃から私たちをお祈りのうちに覚え支えていただきありがとうございます。

田園都筑教会は「米国福音教会（Evangelical Church）」をルーツとする教派的伝統に立ちつつ、しかも日本基督教団に属する教会として今に至っています。私たちの教会は、田園調布教会に端を発し、田園江田教会による「前進伝道」のヴィジョンの具現化として、この横浜の地、すなわちかつての「港北ニュータウン」という地域に位置する教会として誕生いたしました。「前進伝道」という理念の持つポテンシャル（＝潜在力）によって、江田教会、都筑教会を産み出すという類まれなケースだったと思います。

最初の十年を振り返りますと、集会所から伝道所、第二種教会、第一種教会、そして宗教法人と、いわば形成途上にありました。そのあとの十年をどう表現したらよいかにわかに相応しい言葉が見つかりませんが、言うならば独立した教会として自らのアイデンティティを形成する段階ではなかったかと思います。それは言い換えれば「前進伝道」という旗印を掲げスタートした教会として、その内実を問い直す過程でもありました。２０１７年には信仰セミナーを開き、「前進伝道の再考と更新のために―予備的考察」というタイトルで学びの機会を持ちました。詳しくは申し上げませんが、私としては神学者のカール・バルト的な「世のための教会」という教会論にもとづいて「証としての伝道」という方向を見出しました。「世のための教会」は、教会は何のために存在するのかを問題にいたします。バルトは言います。「イエス・キリストにおいてこそ、神は、御自身のためにではなく世のためにいまし、世を御自身と和解させるために御自身を与え給うた」。つまり教会は主イエス・キリストにおける神様の祝福を人々にもたらすため、その現実化のために奉仕し、その使命を果たす限りにおいて自らの生命を保っていくのです。

かれこれ十年前頃からだったと思いますが、私たちの宣教活動計画のなかに「癒しと慰めの共同体に向かって」という表現が入るようになりました。そこには、キリストの共同体である教会それ自体が「癒しと慰めの共同体」になっていく、そのことが前提であって、それなくして神様の祝福を他者にもたらすこともできないとの思いがありました。

今日のテキストをみますと、獄中にあるパウロはエフェソの教会の人々に、あなたがたはすでに「神の家族」なのだと語り、そしてキリストを頼りとすることが重要なのだと励ましています。このことは私たち信仰者のあり方を再確認させ、ひいては「癒しと慰めの共同体」とは何かを指し示していると思います。19節にこうあります。「従って、あなたがたはもはや、外国人でも寄留者でもなく、聖なる民に属する者、神の家族なのです」。「神の家族」とはあくまでイエス・キリストを信じる者たちの群れですが、それは聖なる民に属する者、すなわちキリストのための働き手として選ばれた人々だと言うのです。ここにパウロの信仰者の理解、あるいは定義というものがはっきりとあらわれています。

しかし、そのように語っているパウロ自身はというと、フィリピの信徒への手紙3章6節では、かつての古い自分を振り返ってこう告白しています。「熱心さの点では教会の迫害者、律法の義については非のうちどころのない者でした」。復活のキリストに出会う前のパウロは自分がユダヤ人であることを誇りにし、徹底して律法を守り抜き、そのようにして獲得した義《ただし》さを頼りにしていました。しかし何もパウロだけがそうだったのではありません。ある人々はギリシア人であること、ローマ人であること、自由人であることで、またあるいは自分の才能や力量を頼りにすることで他者とは違うと考えていました。いずれにしても、それらはなんとかして他者に差をつけ、自分が他者より優れ、勝っていることを頼りにしているということではないでしょうか。後に宗教改革者のルターはそれを信仰義認に対して自己義認と呼びました。

しかし、そのような生き方やあり方は、パウロの語る「聖なる民」、「神の家族」の姿とはおよそ違うものです。キリストによって「神の家族」とされたひとの生き方は、自分を頼りにするのではなく、キリストのものとされたことを頼りにします。そこではもはや人と人との差をつけることが重大ではありません。そこには相互の一致、そして奉仕し合う愛が生まれます。もちろんそれは人間的に可能だというのではありません。あくまで「両方のものが一つの霊に結ばれる」のは「キリストによって」なのです。そのことをパウロは14節以下でこう述べています。「実に、キリストはわたしたちの平和であります。二つのものを一つにし、御自分の肉において敵意という隔ての壁を取り壊し、規則と戒律ずくめの律法を廃棄されました。こうしてキリストは、双方を御自分において一人の新しい人に造り上げて平和を実現し、十字架を通して、両者を一つの体として神と和解させ、十字架によって敵意を滅ぼされました」（14－16節）。

キリストご自身が私たちの平和であるということは、キリスト教における平和とはそもそも抽象的なものではなく、具体的な人格的理解、相互の関係性に立つ考え方ということができます。そのことは「わたしたち」が、異邦人を含めたすべての人々を指していることからも明らかです。主イエスは「ご自分の肉において」、つまり十字架によって平和を打ち立て、万物をご自分と和解させられました。こうしてイエス・キリストが築き上げ、残してくださった平和によって、私たちは神様と和解し、神の子として「神の家族」を形成するものとされています。したがって、「神の家族」としてのあり方とその姿とは「キリストの平和」という絆によって深く結びついて、決して切り離せないことが分かります。

2023年に亡くなった作家の大江健三郎さんは、2003年の秋、若い人たちのために『「新しい人」の方《ほう》へ』という一冊の本を書きました。16篇からなる若者へのメッセージと妻の大江ゆかりさんの美しい水彩絵からなる珠玉《しゅぎょく》のエッセイ集です。大江さんが「新しい人」という言葉に出会ったのは、ご自身がそう書いているのですが、まさに今日私たちが読んでいるエフェソの信徒への手紙2章15節においてでした。大江さんは「『新しい人』になるしかない」と題したエッセイのなかで「私はキリスト教徒ではなく、聖書についての知識も浅いのです」と断ったうえでこう続けています。「私はただ、十字架の上に死なれた、そして『新しい人』となられたイエス・キリストがよみがえられたということを、つまり再び生きられて、弟子たちに教えをひろめるよう励まされたということを、人間の歴史でなによりも大切に思っています」。大事なことはもうこれですべて語り尽くされている気さえいたします。

ところでここで大江健三郎さんのご一家について触れさせて頂きますが、大江さんには脳に障がいのある光さんという息子さんがおられます。光さんは1963年、大江さんが二十八歳の時に誕生、知的にもまた身体的にも多くの障がいを負っておられますが、様々な困難を乗り越え、鳥の歌を聞くことに始まり、バッハ、モーツァルトの音楽などによって育ち、ついには自分の曲をつくるようになりました。大江さんは、息子の作曲活動を「人生の習慣」と呼ぶのですが、次第にその音楽に「泣き叫ぶ暗い魂の声」を聞き取るようになります。そして、「泣き叫ぶ暗い魂の声」を音楽として表現する行為が、光さんの暗い悲しみの塊《かたまり》を癒し、恢復《かいふく》させていると言うのです。光さんの作品はいまや同時代を生きる聞き手達を癒し、回復させる音楽として受け入れられています。

大江さんはそこに芸術の不思議な治癒力を見出します。つまり、大江さん一家は60年近く光さんを癒すことに努めてきたわけですが、しかし、同時にそのこと自体によって大江さん一家が癒されてきた。光さんが恢復していくという過程に立ち会うことによって、むしろ周りが癒されてきたというのです。こうしてご長男誕生後の大江さんの人生と文学は、息子さんとの共生が中心となってきました。そして私たちが注目すべきなのは、大江さんが人を癒す共同体としての家族像を示しておられるということです。

人を癒す共同体としての家族—それは私たち「癒しと慰めの共同体」を語るものにとっても大事な観点と言わなければなりません。主イエスは「ガリラヤ中を回って、諸会堂で教え、御国の福音を宣べ伝え、また、民衆のありとあらゆる病気や患いをいやされた。そこで、イエスの評判がシリア中に広まった。」（マタイによる福音書4章23節以下）とあります。また使徒パウロは「喜ぶ人と共に喜び、泣く人と共に泣きなさい。互いに思いを一つにし、高ぶらず、身分の低い人々と交わりなさい。自分を賢い者とうぬぼれてはなりません」（ローマの信徒への手紙12章15節以下）と教えています。そこには主に癒され、慰められた共同体、そして互いに相手を尊重し受け入れ合う共同体の姿が浮かび上がってまいります。つまりそのような共同体がかたち造られるとき、すなわち一人びとりがキリストのからだの生きた肢《えだ》、生きた部分となって、ひとつのからだとして建て合わされていくときはじめて、その群れは新しい人々を同じように生きた肢として迎えることができるのではないでしょうか。

このあとエフェソの信徒への手紙の4章には、次のようなことばがあります。「そこで、主に結ばれて囚人となっているわたしはあなたがたに勧めます。神から招かれたのですから、その招きにふさわしく歩み、一切高ぶることなく、柔和で、寛容の心を持ちなさい。愛をもって互いに忍耐し平和のきずなで結ばれて、霊による一致を保つように努めなさい。」（1－3節）。ここに「神から招かれたのですから……」とありました。教会にはそのような表現でしか説明がつかないことがあるように思います。私たちがここにこうして集っていることひとつを考えただけでもそうなのではないでしょうか。ひとりひとりは違っていますが、そこにはキリストによってひとつの霊にむすばれた一致があります。そしてキリストがおられるがゆえに互いに仕えあう愛があるのではないでしょうか。
私たちの将来は不安の中にあるのではなく、どこまでも神様の愛と恵みの御手の中にあります。この確信にしっかりと立って、神様のお招きにふさわしい歩みを続けてまいりたいと思います。

〈お祈り〉平和と和解の源なる神様、本日は田園都筑教会の創立二十周年を御前に覚えて、はるばる駆けつけてくださった方々とともに礼拝を持つことができ、感謝申し上げます。どうかわたしたちが強い者の集まりではなくて、あなたから祝福される弱い者の集いとして、あなたの愛をもって奉仕する癒しと慰めの共同体とならせてください。至るところ紛争や戦いがあり、敵意と憎しみに満ちた世界です。私たちの内にも顕わな、あるいは密かな敵意と憎しみがあります。私たちはキリストを通して他の人と結びけられています。そのキリストの現実ゆえに、どうか和解の務めを果たすことができますよう導いてください。

（２０２４年７月14日、教会創立20周年記念礼拝）

エッセー〈ベルリン便り〉

追悼　エーバハルト・ベートゲ（1909 – 2000）

D・ボンヘッファーとの友情の生涯

ベートゲ逝去の報が届いたのは、去る3月（2000年）、レンギョウの黄色い花が北国に春を告げる頃だった。この夏にはベルリンで「国際ボンヘッファー学会」が開催されることになっており、今回も世界の関係者から再会を期待されていたのだったが、それも遂に適わなくなってしまった。彼の死の翌週、ドイツ福音主義教会はマンフレート・コック評議会議長の名で次のような追悼記事を公表した。「すでに報じられたように、ボンヘッファーの伝記作家であるE・ベートゲは、ボン近郊のヴァハトベルクで90歳の生涯を閉じた。この神学者は1969年以降、ボン大学の非常勤講師であったが、彼に宛てられたD・ボンヘッファーの手紙（"Widerstand und Ergebung"）を出版したことで、とりわけ国際的に知られてきた。彼が著した、ナチスによって虐殺された牧師で、抵抗運動の闘士についての包括的な伝記は、一級の基本的著作として認められている。ベートゲは、ボンヘッファーの著作の編集者として、彼の神学的遺産を世界的に広めた」(4月2日付新聞『教会』)。

ベートゲの戦後の活動は、ほとんど一個人の冒険とも称されるかたちで始まったという。1949年に『倫理』の神学的断片が、1951年には『抵抗と信従』の名で獄中書簡集が出版されたが、特に後者の刺激的な内容からは、ボンヘッファーの驚くべき影響史が起こる。さらに1958年から1974年にかけて『全集六巻』(GS)の刊行、1967年には『ボンヘッファー伝』(DB)が著され、人々は貪るようにそれらと取り組んでいった。こうしたベートゲによる遺稿収集や編集活動が基礎となって、1981年からはようやく『新版全集』(DBW)の編集が始まることになる。これには三十名を越える各巻編集者たちが二十年余にわたって関わり、昨年、全十七巻(含補遺・総索引)の合計が一万頁を越える形で遂に完結をみた。

1944年2月23日、ボンヘッファーはテーゲル獄中からベートゲ宛てに「断片的人生」ということを書き送っている。「われわれの精神的実存は、常にトルソであり続ける」が、それは「断片であらねばならない断片である」がゆえに、つまり「その完成はただ神の事柄でしかありえない」がゆえに、それを嘆くのではなくむしろ喜ぶ、とボンヘッファーは述べる。ベートゲの様々な貢献を考えるとき、彼の仕事もまたこの「断片」ということをめぐってあったように思われる。即ち、ボンヘッファーにおいてはその生と神学的実存とに並外れた統一があるわけだが、ベートゲは、彼のそのような生がまさに断片的性格を持っていることをわたしたちに提示し、その生と出会わしめ、さらにかかる断片を断片のままに認識し、受け入れる能力があるかどうかを問うたのではないだろうか。

無論わたしたちは、誰よりもベートゲ自身が、この問いに対する責任的な応答として、ボンヘッファーの生と神学の解釈、教会の罪責問題、抵抗運動の解明、ロバート・ショア＝ゴス以後の神学、またキリスト者とユダヤ教徒との対話など、現代の神学的課題と一貫して対峙してきたことを見逃してはなるまい。彼の幾多の論文や講演、説教や記念の辞は、『無力さと成人性』（１９６９年）、『与えられた場所で』（１９７９年）、『告白し抵抗すること』（１９８４年）、『第一戒と同時代史』（１９９１年）といった著書に結集してきた。それらを読む者は、戦後、ボンヘッファーの線に沿って歩んできたこの神学者の人格と働きとに深い共感を抱かずにはいられない。

この独特な人物についてさらに特筆すべきことは、彼が世界各地のボンヘッファー受容との関わりで、エキュメニカルな交友と対話の関係を築いてきたことだ。その辺りの全体像は、70歳の時の『瓶入り通信のように』、80歳の『生ける友情』といった記念論文集に如実に現れている。またその関連から我が邦を一瞥すれば、「日本ボンヘッファー研究会」をはじめとする先学たちの努力によって、1981年にベートゲ夫妻の来日が実現しているほか、『ボンヘッファー伝』や『ボンヘッファーの世界』の翻訳紹介、80歳祝賀論文集『ボンヘッファーと日本』の献呈など、大変豊かな土壌が培われてきたことは銘記されるべきである。

かくしてわたしたちは自から「ベートゲとは誰か」という根源的な問いに導かれるのではないだろうか。幸い彼の核心に迫る試みはすでに始まっており、85歳の祝賀論文集『神学と友情』では、ベートゲとボンヘッファー両者の「友情」を「相互作用」と言い表し、ベートゲの果たした重要な役割を探っている点で示唆に富む。その際、典拠となるのが新版『抵抗と信従』(DBW8)である。この度、旧版では削除されていた部分が初めて読めるようになったお陰で、従来十分読み取れなかった両者の関係が浮かび上がってくるなど、新たな発見や理解が起こることであろう。友を語るに忙しく、自分のことはあまり語って来なかったベートゲだったが、最後に、しかもさりげなく削除を戻して逝ったところが、この人らしいと思えてならない。

(『福音と世界』2000年6月号)

エッセー〈ベルリン便り〉

ベルナウ通りの「和解のカペレ」

ベルリンというと、すぐに「ベルリンの壁」を思い浮かべるひとが多いかもしれない。歴史上最も醜悪な建造物と称されたあの壁が、冷戦時代、鉄のカーテンとしてベルリンの東西を分断してきた。昨年（註＝1999年）は壁が崩れて十年目。今となってはその痕跡が見られるのは限られた場所だけとなってしまった。そうした中で「ベルナウ通り」沿いには、二年前から恒久的に壁跡を残す「ベルリンの壁・記念の地」ができつつある。この場所における第一の要素は、壁の境界線跡の一区画をその装備を含めて保存した「記念碑」で、第二の要素は、壁の歴史に関する「ドキュメント・センター」である。こうしてこのベルナウ通りが、来る二一世紀に向けて、分断都市ベルリンの悲劇を想起させ、また多くの犠牲者たちを覚えるための大切な通りになったわけだ。

それにしても、どうしてこのベルナウ通りなのだろうか。先の二つの要素だけを満たす地なら、別の通りでも十分可能だったはずだ。実を言うと、この通りには数奇とも言える教会の歴史が刻まれている。つまり、そこにもうひとつ第三の要素が加わることで、この通りは比類なき位置を占めることとなったのである。それが新たに誕生した「和解のカペレ（チャペル）」に外ならない。それは昨年の11月9日、壁崩壊十年目の記念日のこと。その日、ベルナウ通り一帯に「福音主義・和解教会」の鐘が高らかに鳴り響いた。それは1961年の「壁」建設以来、かれこれ四十年近く鳴らなかった、いや、鳴らすことができなかった鐘なのである。それと言うのも、壁によって同教区は東西に分断され、教会堂自体も「死の境界線」の直中に取り残されてしまったからだ。しかもあろうことか、1985年の1月、百年前に献堂されたネオ・ゴシック様式の壮麗な教会堂は、突然三日前に保安庁当局から爆破の予告を受け、関係者の為す術もなく灰塵と帰してしまった。その時、かろうじて三つの鐘だけが救出されて、今日に至っているのである。

教会堂爆破というその衝撃的な体験から十五年。しかも壁崩壊十年の記念すべき日に、再建を期してきた新会堂の「棟上げ式」が挙行された。そしてようやくあの三つの鐘が鳴らされたのである。だが、もしひとが、壁の運命をまともに被ったこの教会の歴史を知らず、かつて存在した華麗な教会堂のみを記憶に止めているだけならば、そのひとの目にはこの日の棟上げ式のシーンはいささか奇異なものと写ったに違いない。なぜなら、やがて全貌をあらわすであろう新会堂は、かつてのような伝統的な建築様式に拠った大教会堂ではなく、卵形をした簡素なカペレ（チャペル）だからである。しかも聞けば、素材は環境を考慮して、土台を除いては木材と粘土による造りだと言う。またそこには高い鐘楼もあるわけでない。三つの鐘は、地面に据えられた台座にまたがる梁に、ひとの高さほどに並んで単純に吊されているに過ぎない。ドイツでは、過去の記念すべき建造物を可能な限り、いや頑固なまでに徹底的に修復・再現するという伝統がある。ましてやここはドイツの戦後史を反映した特別な地であり、そこに位置する教会ではないか。なぜあの会堂ではなくこのカペレなのか。そんな素朴な疑問を抱いたのは、はたして筆者だけであろうか。

「カペレ（Kapelle）」の語源は、後期ラテン語の「カッパ（cappa）」に由来し、「帽子付きのマント」を意味する。四世紀の聖人にマルティンという人物がいるが、彼にまつわる故事とその庇護の精神はあまりにも有名だ。ある日、彼は全裸の男に自分のマントを半分切って与え、夢の中でキリストから「その男こそ私だ」と告げられる。彼を記念する11月11日には学校や地域などいたるところで、子供たちが「ザンクト・マールティン……」などと歌いながら提燈行列や小劇が演じられる。実はこの聖マルティンのマントが仏王国宮廷内に保存され、その場所がカペレと呼ばれたのだ。そうした謂われゆえに、古来カペレはキリスト教文化の中で、特別で霊的な思索と結び付く場所となった。従ってカペレは、商売や往来の中心地である広場にあることはまれである。それはまた、司教座のシンボルとしての大聖堂やドームとは違った形態、敬虔さや信仰の表現を持っている。チャペルが学校や病院などの施設にあることを考えても分かるように、カペレはある特定の場所の中に、その目的に応じて存在している。カペレの空間が醸し出すのは、いわばより親密で、より個人的で、より繊細とも言うべき敬虔さや信仰心なのだ。

ベルナウ通りに誕生した「和解のカペレ」は、「ベルリンの壁・記念の地」という特別な場所と目的とに結び付く。そして「東西の縫い目」としての現実を負いつつ、主の和解の御業を告げ知らせる。そのカペレは、旧会堂とは全く違った形を得たが、それはかつて聖マルティンが裸の男に切り与えたマントのように、旧会堂の祭壇だった部分をちょうど身を屈めるかのように覆っている。それは —— かつてベルナウ通りを支配してきたように —— なお冷たきこの世にあって、家無き人々を保護し暖かさで覆うマントであれ、という意味にも受け取れようか。和解教会の人達はベルナウ通りで、諸々の人間中心の計画がラディカルに崩れ去って行くのを見てきただろう。彼等はその末にこのカペレを選んだ。あるいはそう示されたと言うべきか。いずれにせよ、それは壁崩壊以後の霊性と神学を反映したひとつの教会のかたちなのかもしれない。

(『福音と世界』2000年4月号)

あとがき

二十年前、この地に主を礼拝する群れ「田園都筑教会」が誕生しました。本書収載の説教はすべてこの教会でなされたものです。教会暦のサイクルのなかで主要な祭日や創立記念日など節目ごとになされた説教から選んでみました。「忠実な奉仕」となったか恐れつつも、今はこの務めをもって「主の恵みの時」を刻んで来られたことに感謝しております。

1922年、カール・バルトは「説教者（原文は神学者）は神について語ら〝ねばならない〟。しかし、人間として神について語ることは〝できない〟」という有名な言葉を残しました。説教者はすべて主日礼拝ごとにこの緊張にさらされています。しかし、主イエスは人となって世に来られ、「神の国は近づいた」（マルコによる福音書1章15節）と宣べ伝えられました。また使徒パウロは「わたしたちも信じ、それだからこそ語ってもいます」（コリントの信徒への手紙二4章13節）と明言します。神様は私たちの実に弱く、ときに不器用な人間の言葉を通してみ言葉を語るよう望んでおられると思います。

私は1990年代、ベルリンで幸いにもヴォルフ・クレトケという旧東ドイツを代表する神学者と出会い、その3B（ドライ・ベー＝3つのB、バルト・ボンヘッファー・バルメンの頭文字）と称する視座から導かれてきました。そんな影響もあって、いきおい説教の中に彼らの著作の引用やエピソードなどを多用し、しかもふた言目には「ドイツでは」と、かなりこだわりがあるかもしれません。

再びバルトですが、説教者はあの「ねばならない」と「できない」という両者を知り、それをもって「神に栄光を帰せねばならない」と結論づけています。この説教集が、ひとつ私のこだわりも含めて、主のみ栄を称えるものであってほしいと願っております。

この説教集は田園都筑教会創立二十周年を記念する企画の一つとして出版の準備がなされ、多くの方々のお祈りとお捧げ、そして説教集刊行委員会のお働きなくしては実現できませんでした。なかでも笠置正民さんは書籍づくりの困難な過程を最初から最後まで成し遂げてくださり、林信子さんと実生律子さんには全原稿の一字一句に目を通す細かい校閲作業を担って頂きました。出版にあたり株式会社ヨベルの安田正人氏も様々にご助力くださいました。

ここに厚くお礼申し上げます。そして、家族も含めこれまでお支えくださった皆さま、そして何よりも主のお恵みに心から感謝申し上げます。

２０２４年12月　降誕節に

日本基督教団 田園都筑教会 牧師　相賀　昇

著者略歴：
相賀　昇（あいが・のぼる）

1955 年　茨城県水海道市（現常総市）生まれ。早稲田大学、東京神学大学、独フンボルト大学に学ぶ。
1988 年 6 月 早稲田教会伝道師に就任、1990 年 4 月 同教会担任教師。
この間 1984 年 2 月 -92 年 2 月 早稲田奉仕園専任職員をへて主事 (1988 年 10 月 -)。
1992 年 5 月 ドイツ・プロテスタント奨学生として渡独、1998 年 8 月 日本キリスト教団派遣宣教師としてベルリン・ブランデンブルク州福音主義教会協力牧師及びベルリン日本語教会牧師。
2004 年 4 月 田園江田教会牧師、同年 8 月 田園都筑伝道所牧師、2008 年 4 年田園都筑教会牧師。2024 年 3 月 田園都筑教会牧師を辞任、同年 4 月 稲城教会牧師就任予定。
2005-12 年にかけ、農村伝道神学校講師、青山学院大学非常勤講師。2011 年 6 月より横浜基督教青年会 (YMCA) 常議員、2013 年 6 月より早稲田奉仕園理事。
2000 年 4 月 -03 年 3 月 「ベルリン便り」を『福音と世界』(新教出版社) に連載。訳書に A・ファン・リューラー 著『キリスト者は何を信じているか―昨日・今日・明日の使徒信条』（教文館、2001 年）ほか。

私たちのゲツセマネ —— 相賀　昇 牧師説教集

2025 年 3 月 20 日 初版発行

著　者 —— 相賀　昇
発行者 —— 相賀　昇 牧師説教集編集委員会
発行所 —— 株式会社ヨベル　YOBEL, Inc.
〒 113-0033 東京都文京区本郷 4―1―1　菊花ビル 5F
TEL03-3818-4851　FAX03-3818-4858
e-mail : info@yobel. co. jp
装幀者 —— ロゴスデザイン：長尾優
印刷所 —— 中央精版印刷株式会社

配給元―日本キリスト教書販売株式会社（日キ販）
〒 112 - 0014　東京都文京区関口 1 -44 -4 宗屋関口ビル
Tel 03-3260-5670　Fax 03-3260-5637

 Printed in Japan　ISBN978-4-911054-43-7 C0016